AF204916

EIN APPELL VON REINHOLD MESSNER

EIN APPELL VON
REINHOLD MESSNER

Rettet die Berge

Das Zitat von Bertolt Brecht (S. 32) wurde mit freundlicher Genehmigung
des Suhrkamp Verlags übernommen aus: »Über das Frühjahr«, in: Bertolt Brecht,
Werke. *Große kommentierte Berliner und Frankfurter Ausgabe*, Band 14: *Gedichte
4*. © Bertolt-Brecht-Erben / Suhrkamp Verlag 1993. Das Zitat von Hans Magnus
Enzensberger (S. 34) wurde erstmalig veröffentlicht in: »Reminiszenzen an den
Überfluss«, *Spiegel* Nr. 51/1996. © Hans Magnus Enzensberger 1996. © Alle Rechte
bei und vorbehalten durch Suhrkamp Verlag Berlin. Das Zitat von Margarete
Hannsmann (S. 93) wurde mit freundlicher Genehmigung der Edition Isele
abgedruckt. Einzelne Passagen des Buches wurden übernommen aus
Reinhold Messner, *Berg Heil – Heile Berge? Rettet die Alpen*, erschienen in der
BLV Verlagsgemeinschaft, München 1997.

2. Auflage
© 2019 Benevento Verlag bei Benevento Publishing Salzburg – Wien,
eine Marke der Red Bull Media House GmbH, Wals bei Salzburg

Medieninhaber, Verleger und Herausgeber:
Red Bull Media House GmbH
Oberst-Lepperdinger-Straße 11–15
5071 Wals bei Salzburg, Österreich

Satz: MEDIA DESIGN: RIZNER.AT
Gesetzt aus der Minion Pro, New Baskerville
Umschlaggestaltung: www.b3k-design.de, Andrea Schneider, diceindustries
Umschlagfoto: Archiv Reinhold Messner
Printed by Neografia, Slovakia
ISBN 978-3-7109-0071-6

Inhalt

Heile Berge – ein Prolog   7

1 Wo wir stehen

Der Berg im Paket   13
Natur als Attrappe   15
Stille   18
Bergurlaub   20
Arena der Einsamkeit   23
Gletscher als Lebensgrundlage   28
Klimawandel und Gebirge   30
Die menschliche Verantwortung   32
Sport, Spiel oder Abenteuer?   34
Gefahr und Tod am Berg   39
Zurück in die Berge   45
Wertzuwachs durch Reduktion   49

2 Die Berge und ich

Der Trost der Berge   57
Zu Fuß in die Berge   60
Ungewohnte Perspektiven   63
Auf den Spuren der alpinen Geschichte   66
Die Freiheit, aufzubrechen,
wohin ich will   69

3 Was sich ändern muss!

Rettet die Berge 77

Das Wie zählt 81

Sanfter Tourismus 83

Keine Ersatzgebirge 86

Aufpassen! 89

Genug ist nie genug 93

Meine Werte-Charta für die Berge 99

Berge besteigen, obwohl es absurd ist –
ein Gespräch 104

Heile Berge – ein Prolog

»Bei jedem Schritt mit der Natur bekommt jemand
weit mehr als er sucht.«
John Muir

Mit »Berg Heil!« hatte ich von Anfang an meine Probleme. Schon seit ich als Kind in den Dolomiten herumsteige, sträubt sich etwas in mir, wenn ich mit »Berg Heil« begrüßt werde. In Südtirol erwidere ich vielleicht »Grüß Gott«, in Nepal »Namasté« (»Gruß an das Göttliche im Gegenüber«), in Tibet »Tashi Delek« (»Glück und Frieden«). Obwohl nicht eindeutig feststeht, welche Werte mit dem altehrwürdigen »Berg Heil« verbunden sind, kann ich mich nicht mit all den Klischees identifizieren, mit denen sich jene Berg-Heil-Gesellschaft adelt, die Berge als ihr persönliches Reservat beansprucht.

Vor fünfzig Jahren stellte auch ich das Hinaufsteigen als Gegenpol zum Untensein dar und war all den Idealen verpflichtet, die das Bergsteigen ausmachten. Hier die Berge – dort die Stadt. Hier Freiheit, Weite, Stille – dort Begrenzung, Enge, Lärm. Schwarz-Weiß-Malerei.

»Unsere Welt ist programmiert. Alle Möglichkeiten des kommenden Tages sind berechnet«, schrieb ich damals. »Gegen jedes Risiko ist man versichert. Die Gewissheit, dass alles nur so und nicht anders verlaufen kann – ich ertrage sie nicht. Als Techniker habe ich nichts gegen Eisenbeton, Asphaltstraßen und hohe Gerüste im Dienst des Menschen. Doch Mensch bin ich dort, wo die Welt ist, wie sie immer war.«

Inzwischen bin ich Realist genug zu erkennen, dass sich die Stadtkultur ins Gebirge ausbreitet, immer weiter hinauf, tiefer hinein. Geheilt von vielen romantischen Vorstellungen, die das Bergsteigen zwei Jahrhunderte lang prägten, verfolge ich zwar immer noch meine Ideen, eine idealistische Geisteshaltung aber trägt mich nicht, mich beschämt auch nicht die Kritik jener Fundamentalisten, die aus der Perspektive des Stubenhockers das Leben selbst verhindern möchten. Viele Pläne, die ich hatte, sind realisiert. Und für Ideen, die ich noch nicht hatte, reichen Energie und Zeit auch im Alter. Nein, ich bin nicht müde geworden, nur Pragmatiker. Und die einzigen Berge, auf die zu steigen sich lohnt, sind heile Berge.

Heile Berge bestehen aus der Summe von Kulturlandschaft – die der Mensch seit Jahrtausenden gestaltet, umgestaltet, pflegt –, und Naturlandschaft, die einst als Ödland unberührt blieb. Nur die beiden Hälften zusammen ergeben jenes besondere Landschaftsbild: »Heile Berge«, die eine starke Aussage, etwas Einmaliges, Unverwechselbares ausstrahlen.

Dabei ist das eine ohne das andere nicht vorstellbar: die Kulturlandschaft, im Idealfall genutzt, ist dem kulturellen Wandel, der eine nachhaltige Heimat für die jeweilige Bergbevölkerung sichert, unterworfen. Darüber die Naturlandschaft, für die lokale Bevölkerung einst absolut nutzlos, die alle Werte in sich birgt, die dieses Ödland – Kare, Felsen, Gletscher mit ihrem Verwitterungsprozess – vor Missbrauch schützen: Es ist die Erhabenheit, jenes Schrecklich-Schöne, das den Menschen einst ein weiteres Vordringen verbot.

Diese unantastbaren Berge waren ihnen Orientierungshilfe, Hindernis, Mythos. Vor allem waren sie unzugänglich: wegen der Schwierigkeiten voranzukommen, der Gefahren und der Unberechenbarkeit. Stille und Weite dort oben, die Unendlichkeit, wurden respektiert wie das Göttliche. Belassen wir den Bergen all diese Werte, weisen sie den Menschen ab, bleiben Gefahrenraum, brauchen nicht vor ihm geschützt zu werden. Ihre Kraft ist wesentlicher Teil der Bergnatur.

1
Wo wir stehen

Der Berg im Paket

»Die größte Sehenswürdigkeit, die es gibt,
ist die Welt – sieh sie dir an.«
Kurt Tucholsky

Befinden wir uns in unmittelbarer Nähe, zwischen den Bergen, entsteht in uns Menschen nicht das Gefühl von Größe und Erhabenheit. Die starren Massen aus Fels und Eis haben etwas Einengendes, das uns ängstigt, nichts Befreiendes. Ständig wird unser Blickfeld eingeschränkt. Wer nach Erweiterung, nach Ausdehnung sucht, muss in die Höhe steigen. In der Ebene überblicken wir höchstens fünf Kilometer. Vom Gipfel eines Dreitausenders ertastet das Auge schon einen zweihundert Kilometer entfernten Horizont, in achttausend Metern Höhe geht die Sonne viel früher auf als im Flachland. Fernsicht ist auch Übersicht.

Der Wunsch, diese zu gewinnen oder den Blick zu genießen, lockte Hirten und Jäger – lange vor den Romantikern, die eine entrückte, erhabene Bergwelt zu entdecken glaubten –, in die Höhe. Soweit für seine Bedürfnisse brauchbar, nutzte und erkundete der Mensch diese Höhen, beutete sie aber nie aus. Das Unzugängliche respektierte er als das ihm natürlicherweise Versperrte.

In vielen Regionen und Lebensphilosophien galten und gelten bestimmte Berge als heilig: »Götterberge«, »Altäre«, »Opferstätten«. In Tibet ist heute noch die Vorstellung lebendig von Göttern, die auf den Gipfeln des Himalaya tanzen. Die Menschen dort ziehen im Geiste eine Begrenzungslinie um ihre Berge und heiligen sie damit. Wie einst auch der Sagenkönig Laurin um seinen Rosengarten. Wer diese Grenze überschreitet, wird zerschmettert.

Doch unser Blick auf die Berge veränderte sich im Laufe der letzten 250 Jahre stärker als die Berglandschaft selbst. Mit der Aufklärung schwanden Mythen, auch die Angst, zuletzt Furcht und Ehrfurcht. Nicht Einheimische, sondern Forscher und Eroberer erfanden das Handwerk des Bergsteigens – Chaos und Schrecken der Gebirge wurden in Kauf genommen –, unter Strapazen und Gefahren.

Inzwischen hat die Verstädterung längst alle Grenzen überwunden. Man bucht und konsumiert heute jenes Gespenst, dem man früher endlich für ein paar Wochen entfliehen wollte: die perfekt organisierte, geschickt verpackte Zivilisation!

Auf den Gipfeln tanzen keine Götter mehr … Dort stehen nun Fremdlinge und wissen dabei nicht, was sie tun. Denn das Staunen am Rande der Unendlichkeit ist im Paket – all-inclusive – nicht inbegriffen.

Natur als Attrappe

»Mit der Natur ist es wie mit der Ruhe: Man träumt
von ihr, man spricht von ihr, aber in strikter Form
mögen die meisten sie nicht.«
Wolf Schneider

Dem Skifahrer und Snowboarder von heute ist
nur wichtig, dass Schnee liegt. Er will irgendwo
runterfahren, seinen Spaß haben, egal ob auf
Kunst- oder Naturschnee. Letzterer schwindet
zunehmend, die Erzeugung und Bereitstellung
des künstlichen Winterwunders verschleudert
massiv wertvolle Ressourcen: Wasser, Energie,
Landschaft. Lawinengefahr bekümmert den Sport-
ler wenig, Gletscherspalten müssen markiert sein.
Wozu gibt es Lawinenwarnung, Pistendienst,
Verbotsschilder? Na dann: »Ski Heil!«
    Sportkletterer verlassen sich auf eingebohrte
Sicherungshaken, Alpinisten von heute auf den
Wetterbericht, die Eisgeher auf ihre Geräte – und
sie alle im Notfall aufs Handy im Rucksack, mit
dem der Rettungshubschrauber gerufen werden
kann. Aus jeder Sportkletterwand, von jeder
Graterhebung ertönt das »Berg Heil!«. Als wären
Felsen, Schneehänge, Eisflanken nicht viel mehr

als Klettergerüste, wird auf mehr oder weniger schiefen Ebenen »Fit for fun« gespielt. Die Landschaft dahinter, die Natur drum herum, wird als Kulisse empfunden: schön vielleicht aus der Distanz, aber kein wirklicher Freizeitbereich.

Im Gebirge dominieren inzwischen modisch geprägte Aktivsportarten, die immer weniger umweltverträglich gestaltet werden, weil der Naturbezug schrumpft. Natur wird vielfach nur noch als Attrappe erlebt. Wie in den Ballungszentren schafft sich der Mensch auch im Gebirge künstlich eine »zweite Natur«, in der eine präparierte Piste und abgesicherte Routen, markierte Steige, Hütten, Rettungshubschrauber die Voraussetzung sind für sein »Freizeitvergnügen«. Dienstleistung allerorten, gewohnten Komfort und die totale Beherrschbarkeit der Natur setzt er voraus. Vieles am Berg ist zum Konsum verkommen, dazu gehören auch Nervenkitzel und Körperkult. Durchtrainierte Mountainbiker, sportlich braun gebrannte Freeclimberinnen, willensstarke Durchhaltetypen repräsentieren dabei den Leistungsdruck einer Dienstleistungsgesellschaft, der wir noch vor wenigen Jahrzehnten »mit Seil und Haken« entgehen zu können glaubten.

»Das Individuum wird in der eigenen Lebenswelt immer fremder und heimatlos«, sagt Werner Bätzing. Im Gegensatz zur *notwendigen* Auseinandersetzung des Menschen mit der Natur im Arbeitsbereich stünde im Freizeitbereich eine *mögliche* und spielerische Aktivität als Ausgleich zwischen Kopf und Körper, Geist und Natur – wenn wir wirklich mit Herz und Geist in die Berge gehen würden. Bergsteigen als Hilfsmittel, um vergessene und verdrängte Instinkte zu sensibilisieren, setzt aber nicht nur wenig erschlossene Berge voraus, sondern auch Aktive, die ihren Sinn des Lebens nicht ausschließlich aus dem Bergsteigen ziehen. Wo Natur zur Kompensation emotionaler Defizite unserer Gesellschaft benutzt wird, steht das »Berg Heil« für Sinnersatz in einer anonymen Alltags- und Arbeitswelt, wird der Weg zum Berg zur Flucht aus der Stadt.

Die Bilder, die wir von »Natur« vor Augen haben – aus Fernsehen, Werbung, Wissenschaft –, führen uns spiralartig aus einem immer sterileren Leben in eine immer künstlichere Freizeitwelt. Wir alle sind überfordert, wenn wir unsere Defizite aus dem Alltagsleben im Gebirge kompensieren wollen. Wer Stress, Hektik und Leistungsdruck aus dem Alltag in die Bergwelt überträgt, hat für Selbstverwirklichung weder Zeit noch Raum.

Aber auch wir Bergsteiger sind, ob wir wollen oder nicht, für eine Zukunft bestimmt, die immer neu und unterschiedlich sein wird. Meine Interpretation von »Berg Heil« zielt auf ein Verhalten, das heile Akteure und heile Berge hinterlässt. Wer das Gebirge nicht nur als Postkartenbild erleben will, muss tiefer hineingehen, darin aufgehen und so Maß nehmen an der Unendlichkeit.

Stille

»Geh ins Gebirge und höre auf die Stille. Zwischen
den Geräuschen: die wahre Musik der Natur.«
Japanische Weisheit

Stille ist heute ein seltenes Gut, die meisten können
sie kaum noch ertragen. Dabei existiert totale
Stille gar nicht, denn auch weit entfernt von jeder
Geräuschkulisse hören wir körpereigene Stimmen
und die Musik der Natur: den leisesten Wind-
hauch, ein paar rutschende Schneekörner, den
Gletscher, der quietscht, gluckst oder knackt.

Über der zivilisierten Welt, die wir seit zig-
tausend Jahren erzeugen durch Umgestaltung
von Natur- in Kulturraum, liegt immerzu, durch-
gehend, ein Geräuschteppich: über Stadt, Land,
Wohnung. Die Lärmquellen – Verkehr, Wind-
kraftanlagen, Maschinen, Tätigkeiten aller Art –
sind so vielfältig, dass sie unser Ohr nicht mehr
unterscheiden kann.

Obwohl wir uns an diese Dauerbeschallung
nicht gewöhnen können und Lärm gegenüber
sensibler wurden, unternehmen wir als Einzelne
nichts dagegen. Auch nächtlichem Lärm ist kaum
zu entkommen und beim Waldspaziergang sind

Autobahn, Flugzeuge und Motorsäge nicht auszublenden.

Wie viele Stunden und Tage muss ich ins Gebirge hineingehen, um in der Stille zu sein? Bis ich wieder meine innere Stimme höre und die Naturgeräusche als Musik wahrnehme: ein winziges Rinnsal am Wegrand, weit weg ein Stein, der vom Hang rutscht, hoch oben ein schimpfender Kolkrabe. All diese Stimmen ziehen meine Aufmerksamkeit auf sich und die Stille dazwischen ist so tief wie das Weltall. Nachts unterm Sternenhimmel ist sie noch tiefer, das Ohr wachsamer, mein ganzes Wesen ist dann auf feinste Nuancen von Tönen und Rhythmen fokussiert.

Wenn wir nichts sehen, wollen wir umso besser lauschen. Auf etwaige Feinde und die Natur, die wir wahrnehmen, aber nicht kontrollieren können. Um in dieser Art Stille aufzugehen, müssen wir bis weit hinter die letzten Ränder der Zivilisation vordringen, die inzwischen allerdings bald jeden freien Quadratkilometer umzingelt hat.

Bergurlaub

»›Vita contemplativa‹, das beschauliche Leben, und
ein paar Stunden später die ›Vita activa‹, das
zupackende Leben – beides konnte ich am Berg
innerhalb eines Tages erleben.«
Viktor E. Frankl

Nein, der Berg selbst ruft nicht. Was lockt, sind
Stille und Weite dort oben. Enge und Langeweile
des Berufs- und Familienlebens erzeugen Sehnsucht nach »höheren Regionen«, in denen sich
der Städter – je weiter weg, umso mehr – das Gegenteil zum »Unten« vorstellt. Die erhoffte Freiheit aber, Ruhe und Erhabenheit sind oben immer
seltener zu finden. Am wenigsten ist den Um-
weltproblemen zu entkommen. Dort, wo die
Schönheit der Berge besonders gerühmt wird, ist
die Anziehungskraft am größten, am lukrativsten,
am zerstörerischsten. Touristen ruinieren im
Gebirge gerade das, was sie alle dort suchen.

Was der Wandertag im Mittelgebirge, ist ein
Sommerurlaub im Gebirge. Das bedeutet, dass
viele Menschen, aus allen Himmelsrichtungen
kommend, dort mit dem Auto einfallen. Ob
Volkswandern oder Sportklettern, die Jagd nach

Leistungsabzeichen oder Schwierigkeitsgraden ist dieselbe. Ob der Steig mit Farbflecken oder die Kletterroute mit Spits markiert ist – niemand soll sich verlaufen können. Horizontal nicht, vertikal nicht.

Nach der Trimm-dich-Welle kam die Fun-Bewegung, immer wieder etwas Neues also. Geblieben ist, trotz der Naturanbetung, das Sammeln von metallenen Auszeichnungen und ein eindeutiges Bekenntnis zur jeweiligen Gruppe, zur erkorenen »Sekte«. Als marschierte, radelte, kletterte, schwitzte es sich gruppenweise schöner. Sogar die Bergbevölkerung rottet sich immer mehr zusammen. Mehr als die Hälfte der Alpenbevölkerung lebt inzwischen in Gemeinden mit fünftausend und mehr Einwohnern. Vielerorts dürfte man schon nicht mehr von ländlichem Raum sprechen.

Bevor das Volkswandern als Trophäenjagd oder das Sportklettern als Schwierigkeitsfetischismus zu Karikaturen einer Idee wurden und noch lange nachdem die Fußreise in den Alpen ein notwendiges Übel für jeden Reisenden war, gab es weder in Mittelgebirgen noch im Hochgebirge Konflikte zwischen »Naturschützern« und »Naturnutzern«. Inzwischen aber stürmen Millionen die Parkplätze im Talgrund, sammeln Woche für Woche Hunderttausende Hüttenstempel und Zigtausende klingende Namen von Kletterrouten, die mit Akkubohrern durch empfindliche Felsbiotope gehämmert wurden. Ohne Rücksicht auf Dohle und Wanderfalke.

Nicht der Kletterer oder Wanderer ist das Problem, es sind die Horden, die einbrechen. Tagelang Kolonnen von Weitwanderern, ganze Trupps von Kletterern, Bikern oder Fliegern, die in ihren Ziel- und Modegebieten eine Dauerbelastung darstellen, weil durch die ständige Begehung beziehungsweise Befahrung sensible Pfade, Grasnarben und Fauna leiden und ihr zum Opfer fallen. Ist die Vegetation erst geschädigt, vernichtet, schwindet die Tierwelt, und der naturhungrige Mensch zieht weiter zum nächsten Biotop. Nebenbei: Tempoberauschten Bikern fällt der Salamander auf schattig-steilem (Fuß!-) Pfad wohl kaum rechtzeitig auf …

Ich bin kein Ökochonder, weiß aber, dass nur Entbehrung und Gefahr das Regulativ sein können, um die Gebirge zu befrieden. Wenn wir aber unsere heutige Risikovermeidungshysterie weiterhin ins Gebirge tragen, werden Wanderer, Kletterer, Bergsteiger schließlich doch ausgesperrt werden müssen. Weniger, weil sie nicht umweltverträglich genug wären, sondern weil es einfach zu viele geworden sind.

Erschlossen ist nur ein winziger Teil des Hochgebirges. Weil die allermeisten »Naturliebhaber« aber diese Zonen nutzen, ist der Großteil der Wildnisgebiete menschenleer. Noch wenigstens.

Arena der Einsamkeit

Die Winterberge, meine Berge, tönen –
Wälder sind verschneit –
ich will hinaus, mit Euch mich zu versöhnen,
ich will heraus aus dieser Zeit,
hinweg von Märkten, Zimmern, Treppenstufen,
Straßenbraus –
die Waldberge, die Waldberge rufen,
locken mich hinaus!
Gerrit Engelke

Als ich vor mehr als fünfzig Jahren meine Begeisterung für die außereuropäischen Gebirge in Worte fasste, hatte ein neuer Aufbruch »zu den Bergen der Welt« begonnen. Einsamkeit gab es dort noch, Ausgesetztsein, Gefahr – und Luxus hatte etwas mit warmen Füßen zu tun. Inzwischen ist auch der Himalaya »Therapieraum« für Scharen von Touristen geworden, die sich mit Vorliebe am Mount Everest, am Manaslu, am K2 stauen. Also müssen wir uns mit dem Dualismus Sehnsucht versus Bedrohung, Reisen versus Zerstörung auseinandersetzen. Ob und wie Nutzung und Bewahrung vereinbar sind, ist heute – im Zeitalter bereister und überrannter Berge – mein Thema geworden.

Expedition war früher ein Synonym für Unbekanntes, Risiko, Todesgefahr. Jedem zweiten Höhenbergsteiger erfroren die Füße, jeder zehnte kam um. Der Tatsache, dass das Expeditionsbergsteigen gegen die Normen der Alpinistik verstieß, verdankte es aber sein Prestige. Auf der Flucht vor seinem eigenen Schatten ist der Höhenbergsteiger nun dabei, all die Werte zu opfern, die diese Disziplin der Alpinistik ausmachten.

Dabei wären in allen Gebirgen dieser Erde jene Luxusgüter, die der Mensch in seinen Ballungszentren längst ausverkauft hat, umsonst zu haben: Zeit, Ruhe, Ungestörtsein, reines Wasser, genügend Platz, saubere Luft. Diese elementaren Lebensvoraussetzungen gilt es zu retten, wenn wir die Berge retten wollen.

Der Wert der Zeit kann nicht mit der Stoppuhr gemessen werden. Zeit zu haben und selbst zu entscheiden, wann, wo, womit wir uns beschäftigen, ist ein unschätzbares Gut. Ebenso wichtig ist Ruhe. Was nützen die von allen Seiten einströmenden Informationen, wenn die Aufmerksamkeit dabei fehlt? Vom Rauschen der Kanäle, Piepsen der Telefone, im Lärmpegel der Stadt werde ich irre. Gebirge stelle ich mir auch als letzte Inseln der Stille vor. Wenn ich aus den weiten Räumen der Berge zurückkomme, erscheinen mir die Städte mit ihren aggressiven und verdichteten Lebensverhältnissen wie Gefängnisse. Gebirge könnten, richtig genutzt, die Rückzugsräume der Zukunft sein.

Das Privileg, sauberes Wasser zu trinken und klare Luft zu atmen, wird immer mehr Mühe erfordern. Mit Geld ist beides schon jetzt nicht mehr zu haben. Ähnliches gilt für unser Essen. Wer es sich leisten kann, Nahrungsmittel selbst herzustellen, weiß, was er isst. Aber nur wer Ausdauer und Mittel besitzt, bis über die letzten Barrieren von Arbeitswelt und Freizeitrummel hinaus vorzustoßen, dabei selbst Risiken für Leib und Leben produzierend und erduldend, wird die Umwelt vorfinden, die dem Menschen entspricht: uns als Fußgängern, unseren sinnlichen Fähigkeiten und Bedürfnissen, unserer Menschennatur.

Der Luxus der Zukunft ist in keinem Reisebüro oder Sportshop zu haben. Wie in der Vergangenheit hat er nichts mit Überangebot, sondern mit Verknappung bestimmter Werte und Güter zu tun. Es ist das Notwendige, das für immer weniger Menschen immer schwieriger zu bekommen sein wird, das auch die »Berge der Welt« so wertvoll machen wird. Weder Erschließer noch Konsumenten sind auf dem richtigen Weg – die Sucher vielleicht. Das Leben verspricht in Zukunft kein reines Vergnügen, und privilegiert ist, wer das Notwendige genießt und sich auf seinem Weg selbst einbringt.

Nachhaltig verändert hat die Alpinistik bisher immer der Geist, nicht Gerätschaft oder Kommerz. Der Alpinismus ist nicht tot, solange ihn jede junge Bergsteigergeneration immer wieder neu erfindet.

Bergsteigen war anfangs kein Spaß, weder für die Akteure selbst noch in der Vorstellung der Zuhausegebliebenen. Der Berg war Möglichkeit und Bedrohung zugleich, ein Stück Natur, das auf die Menschen ebenso abschreckend wie faszinierend wirkte.

Ich möchte weder Pioniergeist noch Heldenmut früherer Bergsteigergenerationen strapazieren, die, getrieben vom Eroberungswahn und oft geblendet von übernommenen Idealen, die letzten weißen Flecken in der Wildnis eroberten. Mit dem Wunschbild einer romantischen, unberührten Natur kann ich mich ebensowenig anfreunden wie mit der Scheinheiligkeit einer Bergsteigermoral, die nur die Naturvergessenheit der Industriegesellschaft widerspiegelt.

Mich interessiert die Kultur, die der Mensch als Teil und Gegenteil von Natur schafft, wenn er sich ins Unnütze versteigt. Wer dabei jede Gefährdung ausschaltet, nimmt nur einen Teil der Berg-Natur wahr, und wer nach dem Limit der anderen schielt, vielleicht nicht einmal sich selbst. Er kann also genauso gut am Gummiseil vom Kranarm springen, an einer Kunstwand klettern oder sein Wildnistrekking lediglich am Computer simulieren.

Und in der Tat, bei vielen Natursportarten – Freeclimbing an präparierten Routen, Pistenskilauf – geht es heute ausschließlich um »Fun«, den kurzen Nervenkitzel oder den Rekord der Spaßgesellschaft. Wer schneller steigt, schwieriger klettert, tiefer springt, weiter läuft, interessiert mich zwar so wenig wie die Gipfelhöhe des Mount Everest, bestimmt aber in Zeiten wie unseren, in denen wir einen tief greifenden Wandel des Freizeitverhaltens beobachten, das Verhältnis zwischen Mensch und Berg.

Wenn sich heutzutage Naturschützer und Freizeitsportler immer häufiger ins Gehege kommen, hat das seine Gründe. Wenn in den USA Bergsteiger vor Gericht gestellt werden, weil sie an den Granitfelsen im Yosemite Bohrhaken gesetzt haben, und umgekehrt das Amtsgericht Laufen einen Bergführer »im Namen des Volkes« der »gemeinschädlichen Sachbeschädigung« schuldig spricht, weil er ein paar Haken in der Untersberg-Südwand entfernt hat, sind das Umstände, die ich nicht mehr nachvollziehen kann. Und wenn die einen vom »Ruin des Klettersports« reden und die anderen von der »Philosophie des Wahnsinns«, zeigt das, dass wir mit unserer Haltung – Steigerung versus Verzicht – immer höher auf den babylonischen Turm der Werte- und Sprachverwirrung steigen.

Gletscher als Lebensgrundlage

»In der Wildnis liegt die Erhaltung der Welt.«
Henry David Thoreau

In den vergangenen Jahren beobachten wir überall in vergletscherten Gebirgsregionen eine große Zahl an Überschwemmungen bei gleichzeitiger Versteppung oder Wüstenbildung der Zonen unterhalb der Gletschergebiete. Bei zunehmend häufigeren Starkregen treten Flüsse über die Ufer, ein Gletschersee bricht aus, eine Lawine aus Eis, Wasser und Schutt überflutet Dörfer. Die Menschen fliehen, ganze Täler müssen evakuiert werden.

Bergregionen leiden stärker an den steigenden Temperaturen als Flachland und Städte, wo die Ursachen für die globale Erwärmung zu finden sind. Das Abschmelzen der Gletscher wird nicht von ein paar Touristen verursacht, die sie gelegentlich überqueren – nur am Mount Everest, Denali, Mont Blanc sind zu viele unterwegs –, es ist die Folge unseres Lebenswandels: Wir verbrauchen in großen Mengen hemmungslos fossile Brennstoffe, sind hypermobil und haben den Konsum zum Fetisch gemacht. Der Hochalpinist

ist gezwungen, Verzicht zu üben, obwohl der Berg kein Konsumgut für ihn ist. Trotzdem schmelzen die Gletscher – weltweit – und sie werden zuletzt verschwinden. Der Klimawandel lässt Gletschertäler austrocknen, die noch als natürliche Rückhaltebecken dienen – zur Bewässerung der Felder, für Süßwasser, Energiegewinnung, Industrie.

Gletscher sind wie hoch gelegene Stauseen und Wasserreservoirs, die Trocken- und Regenwochen gerecht ausgleichen. Die Durchschnittstemperatur ist in den Gebirgen um drei Grad und mehr gestiegen, schneller und stärker als in den Ballungsräumen. Noch haben wir es häufiger mit Überschwemmungen zu tun als früher, der Wassermangel aber wird noch schlimmere Folgen haben, wenn in regenarmen Zeiten das Schmelzwasser fehlt. Dürren, Missernten und Waldbrände sind die Folgen.

Auch die Erhabenheit der Höhen schwindet mit dem Abschmelzen des »ewigen Eises«, das – wie wir heute wissen – ein sehr fragiles Gut ist.

Klimawandel und Gebirge

>»Die Natur hat immer recht ..., und die Fehler und Irrtümer sind immer die der Menschen.«
Johann Wolfgang von Goethe

Die globale Erwärmung ist eine Tatsache. Vor allem im Gebirge ist sie zu spüren, zu sehen, zu riechen. Heiße Sommer, brechende Felsen durch Schwinden des Permafrosts und dampfende Hochwälder sind nicht mehr zu übersehen.

Nun, das Klima ändert sich seit Urzeiten, die Erdgeschichte ist ein einziger Veränderungsprozess. Zu Ötzis Zeiten – vor 5300 Jahren – war es wärmer als heute. Die weltweite Erwärmung steigt aber nun so rasch an, dass die Natur – Pflanzen, Tiere, der Mensch – sich nicht schnell genug anpassen kann. Bei Starkregen gibt der Boden nach, bei Sturm knicken und fallen die stärksten Bäume, in der Hitze dörren ganze Landstriche aus, sodass im Brandfall riesige Flächen verwüstet werden, auch der Erosion werden damit Tür und Tor geöffnet.

Im Gebirge sind die Folgen des Klimawandels, der in der globalen Erwärmung seinen Motor hat, rascher und stärker spürbar als in den Niederungen. Dabei sind es weltweit vor allem die Ballungszentren, Industrie, Autobahnen, die dazu beitragen. Vor allem die Auswirkungen moderner Zivilisation mit ihrer Aggression, mit Geschwindigkeitswahn, Konsumismus, Mobilität, sind für die galoppierende Klimaerwärmung verantwortlich. Mit verheerenden Folgen für die nächsten Generationen, denen ein fragiles, geschädigtes Habitat vererbt wird – mit unschätzbaren Kosten für Reparationsleistungen und Regulierungsmaßnahmen. Eine Reaktion in Form eines globalen konsequenten Klimabündnisses ist nicht in Sicht.

Wanderer und Bergsteiger, die Bahn, Bus, Beine nutzend und mit ihrem Rucksack zu Fuß im Gebirge unterwegs sind, bleiben am Berg immer noch umweltverträglicher als bei Anreise im Flugzeug, Auto oder in ihrem Alltag als Konsumenten in der Stadt.

Die Frage ist also, wie wir uns fortbewegen, was wir einkaufen, wie viel Energie wir verbrauchen. Entschleunigung jedenfalls, Stille und Bescheidenheit, wie wir sie im Gebirge erleben, sind auch gut für die Umwelt. Nicht zuletzt auch für unsere Innenwelt.

Die menschliche Verantwortung

In großer Höhe freilich
Scheinen Stürme zu gehen:
Sie berühren nur mehr
Unsere Antennen.
Bertolt Brecht

Ist der Berg gerecht? Nein, Berge sind einfach nur da, sie sind Teil der Natur, es wohnt ihnen keine moralische Instanz inne. Warum wir ihnen bei unvorhersehbaren und unvermeidbaren Naturkatastrophen eine Verantwortlichkeit unterstellen, hat mit der Moralisierung der Natur zu tun. Steinschlag, Lawinen, Stürme oder verheerende Überschwemmungen gab es immer schon. Ob Menschen irgendwo am Berg waren oder nicht.

Der Berg ist weder gut noch böse und schon gar nicht gerecht, der Mensch aber wurde in der Summe so mächtig, dass sein Verhalten Auswirkungen auch auf das Gleichgewicht in den Gebirgen der Erde hat. Diese Macht impliziert eine entsprechende Verantwortung, weil das Gleichgewicht zwischen Natur und Kultur gestört ist. Bergsteiger allein wären nicht in der Lage, dieses zerbrechliche Gleichgewicht zu zerstören, es ist die Menschheit als Ganzes, vor allem die westliche Konsumgesellschaft, die dafür Verantwortung zu tragen hat.

Unsere moderne Lebensweise spiegelt sich im Klimawandel, der in den Bergregionen deutlicher zu erkennen und schädlich ist für unser aller Habitat. Die Besorgnis ist groß, konkrete und beherzte Taten aber folgen nicht. Ein klimafreundlicher Lebensstil, der mit Verzicht als positivem Wert einhergeht, ist nicht Mainstream. Auch die wenigen traditionellen Alpinisten, die Verzicht in den Mittelpunkt ihrer Aktionen stellen, fliegen weiterhin in die entlegensten Winkel unserer Erde.

Beim Klettern im Sedimentgestein können wir – Schicht für Schicht – die Erdgeschichte lesen. Das menschengemachte Zeitalter mit globaler Erwärmung, Schwund des Permafrosts, galoppierender Verwitterung und Erosion, blenden wir dabei gerne aus – wie das Klimaereignis selbst. Weil es uns alle betrifft? Wir Menschen sind für das Kulturelle verantwortlich, die Natur für sich selbst. Diese Sicht gilt es angesichts der Fakten zu entmoralisieren, denn die menschliche Verantwortung im Zusammenhang mit dem Klimawandel ist nicht zu leugnen.

Sport, Spiel oder Abenteuer?

»Jeder ostentative Konsum ist eine Demonstration
der Macht, und er zeigt, dass die luxuriöse
Verausgabung immer auf Zuschauer angewiesen ist,
die sich von ihr beeindrucken lassen.«
Hans Magnus Enzensberger

Die Gebirge sind kein Ödland mehr, man kann
sie auch nicht künstlich wieder dazu machen.
Sie sind dabei, ein großer Sportplatz zu werden.
Das naturverbundene Spiel der frühen Skiläufer
und Kletterer ist Sport geworden, wenigstens
seinem inneren Wesen nach. Das Suchen nach
dem Unbekannten, dem Geheimnisvollen in den
Bergen, das Maßnehmen in der Natur – das war
einmal. Heute sind die Gebirge Arena, in der
Mensch gegen Mensch antritt, mit Regeln, Stoppuhr und bei größtmöglicher Absicherung.

Das Bergsteigen ist Konsum geworden, Luxus,
eine Lebensäußerung unserer »Zivilisation«. Es
war Ersatz für die alten Instinkte der Jäger, ist
nun Wettkampf statt Überlebenskunst oder einfach Tourismus. Auch dieses »Bergsteigen« wird
durch ein anderes ersetzt werden. Der Pisten-
alpinismus ist schon tot, seelenlose Technik. Kletterer und Bergläufer werden verdrängt durch

Kicksport und Geschwindigkeitsspiele anderen Zuschnitts.

Vielleicht waren die Pioniere an einem stillen, einsamen, »ereignislosen« Tag glücklicher – vielleicht zufriedener, als Touristen es heute nach einer K2-Besteigung sind. An einem einzigen intensiven Tag, der mich zu Fuß durch eine romantische und dramatische Berglandschaft führt, erlebe ich mehr als in einer Woche Bergwellness. Wir alle sind letztlich das Ergebnis unserer Kultur und Städte. Nur wie und ob wir Berge für unsere Späße präparieren, unterscheidet uns voneinander.

Der Berg, jahrtausendelang Orientierungshilfe und Mythos für den Menschen, ist seit gut 250 Jahren Ziel seiner Sehnsüchte und sportlich-spielerisches Betätigungsfeld. Die moderne Alpinistik, entstanden mit der Aufklärung, Industrialisierung und aus Eroberungssucht, begann als romantische Bewegung: »Zurück zur Natur«. Dem Eroberungsbergsteigen (von der Erstbesteigung des Mont Blanc 1786 über den »Kampf ums Matterhorn« 1865 bis zum »Sieg über den Mount Everest« 1953) folgte das Schwierigkeitsbergsteigen, wobei nicht mehr der Gipfel, sondern der Weg das Ziel war. Das Wie spielte dabei eine untergeordnete Rolle. Emilio Comici hätte 1933 in der Nordwand der Großen Zinne Löcher in den Fels gebohrt, wenn es notwendig gewesen wäre, um durchzukommen. Die Eiger-Nordwand wurde 1938 mit den damals zur Verfügung stehenden Tricks erstbegangen und die Briten setzten Fixseile, Sauerstoffgeräte und Plattformen für ihre Hochlager ein, um 1975 die Südwestwand des Mount Everest bezwingen zu können.

Erst seit einem halben Jahrhundert begann sich eine andere Einstellung in der Auseinandersetzung Mensch–Berg durchzusetzen: der Verzicht. Gleichzeitig aber hielten Handy und Hubschrauber im Gebirge Einzug und bei In-Destinationen geht es zu wie in Großstädten. Der freiwillige Verzicht des Menschen auf seine Überlegenheit dank Technik bleibt also fragwürdig. Gerade mit der Frage nach dem Wie haben sich in letzter Zeit ein Dutzend Spielarten des Bergsports mit jeweils eigenen sportlichen Regeln herausgebildet.

Obwohl Paul Preuß schon 1911 eine nüchterne Trennung von Alpinistik und Klettersport gefordert hat, ist uns diese erst seit einigen Jahren bewusst: Beim Sportklettern geht es weder um den Gipfel noch um die Wand, sondern um Sport. Dabei ist nochmals zu unterscheiden zwischen dem Wettkampfklettern an einer künstlichen Wand (heute meist in der Halle) und der Kletterkunst an natürlichen Felsen ohne Fortbewegungshilfen. Auch beim Höhenbergsteigen, vom Sportklettern weiter entfernt als der Marathonlauf vom Hundert-Meter-Sprint, wünsche ich mir die sportliche Komponente »by fair means«: Allein der Stil entscheidet über den bergsteigerischen

Wert einer Tour, nicht der gekaufte »Erfolg« oder die Geschwindigkeit. Der Wert liegt in einer sauberen Besteigung. Wenn Erhard Loretan in nur zwei Tagen durch die Everest-Nordwand stieg, dann nicht, weil er einen Rekord aufstellen wollte, sondern weil seine Taktik diese Schnelligkeit ermöglichte und sein Kletterkönnen sie erlaubte.

Auch das traditionelle Bergsteigen, in den Alpen entwickelt und inzwischen in fast allen Gebirgen der Welt betrieben, hat sich weiterentwickelt. Dabei spielen heute Freikletterkönnen und ökologisches Verantwortungsbewusstsein – so hoffe ich – eine wichtigere Rolle als noch vor Jahrzehnten. Die Lust oder Sehnsucht, einfach auf einen Berg zu steigen, über welche Fußwege, Wände oder Kanten auch immer, wird im Menschen nur dann lebendig bleiben, wenn er den Berg nicht zum präparierten Sportobjekt degradiert. Deshalb ist das »Wie besteige ich einen Berg?« nicht primär ein sportliches, sondern ein ökologisches Postulat. »Wie hinterlasse ich ihn als Medium für die nächsten Erfahrungssucher?« ist heute eine ethische Gewissensfrage.

Die Verzichtsalpinistik steht im krassen Gegensatz zur Lebenshaltung jener, die sich dank ihres steigenden Einkommens die Extravaganz leisten können, sogar die Everest-Besteigung kaufen zu können. Bergsteigen ist als Auslöser denkbar für einen Trend, der dem Menschen klar macht, dass kein Tun sinnlos ist, wenn der Täter die Natur respektiert und seine eigenen inneren »weißen Flecken« erforscht. Frühen Entdeckern und Kartografen bezeichnete der Vermerk »Hic sunt dracones« noch unbekanntes, unbetretenes Terrain. Heute kann dieser Hinweis für die menschliche Innenwelt und die Auseinandersetzung mit den inneren Drachen gelten.

Der französische Bergsteiger Lionel Terray meinte, wir Bergsteiger seien die »Eroberer des Nutzlosen«. Doch schon Voltaire postulierte »das Überflüssige ist eine höchst notwendige Sache«. Klettern und Bergsteigen, wie auch Grenzgänge in großer Höhe, bergen in ihrer Entwicklungsgeschichte zwar die Erbsünde des viktorianischen Eroberungswillens, sind aber erneuerungsfähig, solange wir alle Felsen und Gletscher – sollten sie uns nicht ganz abhandenkommen – als »weiße Wildnis« zu verteidigen wissen und mit Steighilfen am Berg sparsamst umgehen.

Gefahr und Tod am Berg

>»Fehler im Zusammenspiel Mensch–Berg macht
immer nur der Mensch. Die Natur kann keine
Fehler machen. Der Berg nimmt auch nicht Rache
an menschlichen Gebärden, er ist nur da und
schluckt alle menschlichen Spuren. Als ob diese
nichts zu bedeuten hätten.«
Reinhold Messner

Seit zwanzig Jahren macht sich eine Entwicklung
breit, die die Gefahr der Berge verharmlost. Viele
Touren wurden mit Bohrhaken abgesichert. Achttausender präpariert man für Massenaufstiege.
Das führt zu einem neuen Schub von Menschen,
die Berge einfach »konsumieren« wollen, obwohl
sie das eigentliche Handwerk nicht beherrschen,
oft nicht einmal die Grundzüge. Statt Gefahren,
Schwierigkeiten und Anstrengungen in der Bergwelt als natürlichen Filter zu verstehen, durch
den ein Massentourismus nicht hindurchsickern
kann, ist im Kopf vieler die Meinung entstanden,
der Berg sei wie auf einer Postkarte: ein nettes,
sonniges Stück Fels, ein schimmernder Eishang
unterm Himmel, auf dem man wie auf einem
Sportgerät herumturnen kann. Harmlos aber war
das Gebirge nie und wird es nie sein. Wer auf

große Berge will, riskiert sein Leben. Immer öfter genügt auch schon ein kleiner dafür.

Obwohl ich das Extrembergsteigen immer als gefahrvoll beschrieben habe, werde ich als Urheber einer Einstellung angegriffen, die den Massentourismus erst mit ausgelöst habe. Ich trage nur Verantwortung für meine eigenen Aussagen und mein Tun, nicht für die Entscheidungen und Hybris aller selbst ernannten »Idealisten«, die Hillary oder Messner spielen wollen. Natürlich war ich als Expeditionsleiter für Organisation und Routenwahl verantwortlich. Und dies, obwohl meine Expeditionen keine Gruppenreisen waren. Immer wieder suchte ich mir die besten Bergsteiger und wir zogen los – jeder in Eigenverantwortung. Jeder war so gut wie der andere. Als mich aber der Besitzer einer amerikanischen Airline bat, ihn gegen Anteile seines Unternehmens auf den Mount Everest zu führen, lehnte ich ab. Ich hätte seine Sicherheit garantieren müssen. Und das konnte ich nicht. Eine kleine Erschütterung im Eisbruch und wir wären verschwunden.

Der Widerspruch, der in »kommerziellen Expeditionen« steckt, ist deren Nachspiel: Wenn der Gast heil zurückkehrt, ist der Organisator ein Held; wenn nicht, wird der Bergführer verklagt.

Auch ich bemühte mich einmal, Klienten auf hohe Berge zu bringen. 1972 »führte« ich einen Siebentausender im Hindukusch. Unmittelbar danach beschloss ich, so etwas nie wieder zu tun.

Es ist zu gefährlich. Teilnehmer drohten mir im Hochlager mit Klage, wenn sie nicht weitersteigen dürften. Letztlich wurde ich von den Gescheiterten beschimpft, von allen »Gipfelsiegern« umarmt. In großer Höhe sind nicht nur Stürme und Lawinen unberechenbar, auch der Mensch verhält sich wegen des Sauerstoffmangels oft irrational und unorthodox.

Werbung macht aus einer Führungstour einen »Grenzgang«, der für jedermann zu schaffen sei: sicher, flott, prestigeträchtig. Was für ein Unsinn! Die neuen Berg-Yuppies – vom Helikopter ins Basislager geflogen, 24 Stunden lang umsorgt – wollen alles erreichen, aber ohne Risiko, ohne viel Anstrengung, indem sie über die mit Lagerkette und allen Aufstiegshilfen vorbereitete Route auf einen Gipfel stapfen.

Seit über fünfundzwanzig Jahren rede ich davon, wie gefährlich es ist, wenn Bergführer – und sind es auch die besten – solche Touren anbieten. Sie verkaufen etwas, was man nicht verkaufen darf: den gezähmten Mount Everest oder K2 als Paket, als Urlaubsreise von der Stange.

Was sich in der Begegnung Mensch–Berg verändert, ist die Einstellung zum Gebirge. Der Berg, den wir durchs Autofenster oder am Fernsehschirm als Postkartenidyll wahrnehmen, wird so in unserem Bewusstsein mehr und mehr zum Sportgerät. Wir gehen dorthin zum Skifahren, Wandern,

Klettern, Raften, Mountainbiken, Gleitschirm-
fliegen wie andere in die Tennishalle oder ins
Schwimmbad. Nicht zufällig klettern die meisten
Kletterer ausschließlich in der Halle. Auch die
wachsende Masse von Touristen, die Jahr für Jahr
schwarmartig in immer mehr Modegebieten ein-
fällt, unterstreicht Gruppen- und Sportcharakter
unseres Tuns. Was aber zum gleichen Zeitpunkt an
ein und demselben Ort so viele machen, sagen wir
uns, kann doch weder falsch noch gefährlich sein!

Dieses Empfinden scheint sich mit der Zahl
der Akteure vor Ort zu steigern und ist trotzdem
ein Trugschluss. Ein doppelter Fehler! Zum einen
bleibt das Matterhorn gefährlich, obwohl oft
300 Menschen an einem einzigen Tag seine
brüchigen Felsflanken erklettern. Zum anderen
gehen damit Werte wie Stille, Auf-sich-selbst-
gestellt-Sein, Erhabenheit verloren – Werte, die
das Bergsteigen grundsätzlich ausmachen. Der
Massentourismus stört also jenes Medium, das
wir als Katalysator für den gewünschten Selbst-
erfahrungsprozess aufsuchen. Er zerstört am Ende
den Wert des Bergsteigens. Es ist die Zahl der
Akteure und weniger das Wie, die unsere Einstellung verändert. Zum Glück sind weltweit nur
drei Dutzend der berühmtesten Berge überlaufen,
die meisten Gebirge sind leer, auch weil Unbekanntes gemieden wird.

Wenn zeitweise fünfhundert Menschen gleichzeitig versuchen, den Mount Everest zu besteigen,

ist es nicht mehr derselbe Berg, der von Edmund Hillary und Sherpa Tenzing Norgay 1953 erstmals bestiegen wurde. Und zwar nicht nur, weil eine Menge Müll – leere Sauerstoffflaschen, kaputte Zelte, Verpackungsmaterial aller Art – zurückbleibt, sondern weil der Aufstieg im Gänsemarsch wenig fordert vom menschlichen Geist. Natürlich bleibt der Mount Everest gleich hoch, auch wenn er zum Rummelberg verkommt. Und abgestürzt werden kann auch in Serie. Die Bergtoten reduzieren sich beim Massenbergsteigen nicht, sie werden im Gegenteil mehr.

Der Mensch heute glaubt, die Natur beherrschen zu können und fühlt sich ihr überlegen. Die meisten von uns sind überzeugt – auch wenn wir es nicht reflektieren –, dass wir Umweltschäden mit technologischer Hilfe wieder reparieren können. Alle Fehler können korrigiert werden, denkt auch der Alpinist. Irrtum! Hoch oben an den Grandes Jorasses oder am Nanga Parbat kannst du nicht mehr ausweichen, wenn über dir ein Sérac bricht, ein Eisklotz, hundert Meter lang, fünfzehn Meter dick und zwanzig Meter hoch. Allein der Luftdruck würde reichen, alles in der Falllinie des Eissturzes in die Tiefe zu reißen – auch einen Schutzwall.

Wer nicht am Berg umkommen will, darf nicht hinaufsteigen, oder muss sich einschränken: Rückzüge, Verzicht, gehören zum Bergsteigen dazu. Die Verhältnisse, Wetter, eigenes Können und

Kondition sind in ihrer Summe nicht alle Tage optimal. Wer etwas über sich erfahren will »zwischen Himmel und Erde«, gehe dorthin, wo die anderen nicht sind, und lerne seine eigene Begrenztheit kennen. Nur so sind die Berge zu befrieden und die Akteure zu retten. Was ganz einfach wäre, würden wir uns auf alle Berge gleichmäßig verteilen.

Müssen wir uns, frage ich mich – weil der Mensch sich offenbar nur wohlfühlt, wenn er sich zu Hunderten und Tausenden zur selben Zeit am selben Fleck aufhält, der sich zum Gipfel hin auch noch verjüngt –, so lange bedrängen, bis die Gebirge daran kaputtgehen?

Der Niedergang der Gebirge ist nicht nur ein Phänomen der Verwitterung. Er hängt heute auch massiv mit dem Herdentrieb des Menschen zusammen. Der Absturz im Gänsemarsch ist nicht nur ein erstes Anzeichen dafür, er symbolisiert die Perversion einer Idee. Der Grenzgänger, der seine Grenzen auslotet und respektiert, gilt als altmodisch und out. In ist der grenzenlose Konsum im Gebirge: Bergzauber all-inclusive und total.

Zurück in die Berge

»Das Problem ist die Tatsache, dass man die Alpen
für einen rundum gesicherten Freizeitpark zu halten
beginnt, in dem man sich sorglos bewegen kann.«
Gerhard Fitzthum

Bergsteiger und Wanderer können nicht still sitzen,
die Ebene oder Stube ist ihre Sache nicht. Ob sie bei
ihrem Tun nun der Angst nachjagen oder wild sind
auf Glückserfahrung – sie wollen hinaus, hinauf –,
das Korrektiv »Verzicht« steht nicht zur Debatte.

Wer nicht wandert oder klettert, schwebt am
Gleitschirm, stürzt sich basejumpend vom Gipfel,
turnt über die Slackline von Felsnadel zu Felsnadel, rutscht beim Canyoning durch Schluchten,
radelt zwischen Wald und Kar oder lässt sich im
Schlauchboot von reißenden Bergflüssen durch-
schütteln. Generationen, die Armut, Hunger und
Kälte nie selbst erlebt haben, sind vor allem im
Gebirge auf der Suche nach dem ultimativen Kick,
einer anderen Art Droge, wollen alles riskieren,
sich vielleicht auch endlich selbst spüren. Immer
mehr Adrenalin-Freaks gehen am Rand der Gebirge auf ihre Suche nach Glückseligkeit: beim
Free- oder Speedclimbing, Schluchting, Hiking,

Biking. Bei diesen Hits des Gebirgstourismus zählt mehr die Mutprobe als ein tagelanges, seelentiefes Eintauchen im Raum mit Gefahr, Anstrengung, Zweifel und Glück. Diese Erlebnissportler mit Airbag, TÜV-Stempel und Handy suchen am Rande der Wildnis jenes Restrisiko zwischen Sicherheitsgefühl und Nervenkitzel, das beherrschbar scheint. Alles mit GoPro dokumentiert, kommentiert und ausführlich »geteilt«, versteht sich.

Nicht, dass all das verboten werden sollte, nein, es ist gleich legitim wie das Abenteuer Berg. Doch sollte es auch ganz nüchtern beschrieben sein als das, was es ist.

Mein Postulat »Zurück in die Berge« – die Kunst des Überlebens in wirklicher Gefahr, das Wiedererwachen der Naturinstikte, der Weg zurück zu den persönlichen Wurzeln –, setzt Wildnis als Medium voraus. Das »Fit for fun« in einer präparierten »Natur«, designt für Risikospiele gelangweilter Städter, ist Konsum. Erlebnis und Sicherheit werden dabei gegen Geld getauscht – bis zur Spitze des Mount Everest. Nichts hat in der Tourismusindustrie mehr Konjunktur als das teure Erlebnis, das gebucht werden kann und möglichst schnell »das Leben verändert«.

»Die Alpen macht man so zum verlockenden Eldorado für Snowboarder, Variantenfahrer, Jeep-Piloten und Mountainbiker, Gleitschirmflieger und andere Sportarten«, erkennt nicht nur der bayerische Politiker Thomas Goppel. Gesteigertes

Selbstwertgefühl, Lust, Prestige sind offensichtlich auch ohne Eigenverantwortung oder viel Anstrengung fast ohne Risiko zu haben, und so wachsen die gewerblichen »Risikospielplätze« immer weiter ins Gebirge hinein: markierte Wege, präparierte Klettergebiete mit Parkplatz, Felswände voller Spits bis unter den Himmel. Über das ausgedehnte Netz digitalen Mobilfunks bleibt man verbunden mit dem Rest der Welt, auch Internet reicht häufig bis zum Gipfel – so suchen Millionen das ultimative Glück in einer Welt, die greifbar und virtuell zugleich ist.

Nein, der Alpinismus ist nicht tot. Nie war eine junge Generation von Natursportlern so gut trainiert. Nie gab es so viele. Nie mehr Möglichkeiten. Was weniger wird, ist der unberührte Raum, die Wildnis, die Ruhe. Und auch diese gilt es zu schützen. Nicht nur die Akteure. Um immer bessere Felskletterer vor dem Absturz zu sichern, werden immer neue Wände mit Bohrhaken gespickt. Um immer verrücktere Snowboarder und Skifahrer vor Lawinen zu schützen, lassen Tourismus-Investoren ganze Skigebiete in den Alpen mit Stahlverhau spicken. Bergflanken werden mit Armeekanonen beschossen, Gletscherflächen regelmäßig überflogen, um Gefahren zu erkennen und auszuzäunen. Dies alles ist richtig und notwendig, die Wildnis aber schwindet zusehends.

Damit der Tourismus nicht versiegt, wird überall aufgerüstet: mit neuen Erschließungswegen, Seilbahnen, Pistenschneisen, Lawinenverbauungen, Schneekanonen, Sicherungsketten, Hubschrauberstaffeln. Schneeforscher und Sicherungsunternehmen haben Hochkonjunktur. Leider auch die Bergrettungsdienste. Denn auch die Unfälle nehmen mit der steigenden Zahl Fun-Süchtiger zu, die jede Gefahr ignorieren: ein Restrisiko nur, das im Gebirge rasch zum Tod führen kann. Tote sind jedoch nicht gut fürs Image einer alpinen Destination. Also muss mehr für die Sicherheit der Gäste getan werden, sagen sich die Tourismuspromotoren.

Sind weitere Fun-Parks im Gebirge noch zu verhindern? Sie müssen verhindert werden! Nur wenn wir einen Teil der Berge als Wildnis retten, haben die Gebirge unserer Erde eine Chance, die ihnen innewohnenden Werte zu erhalten. Nur so sind sie eine Barriere gegen jene Massen, die diese Weite zugrunderichten – wenn sie sich dort tummeln wollen, wo sie nicht hingehören.

Wertzuwachs durch Reduktion

»Der Versuch, die Umwelt durch Verzicht zu retten,
ist wenig aussichtsreich.«
Franz Josef Radermacher

Seit mehr als achttausend Jahren prägt der Mensch
auch die Bergregion. Eine grundlegende Umgestaltung des natürlichen Ökosystems ist allerdings erst
seit dem Mittelalter festzustellen. Durch hohe Instabilität geprägte Naturlandschaft wurde sukzessive in eine stabilere Kulturlandschaft umgestaltet,
was den Aufenthalt einer größeren Zahl von Menschen im Gebirge möglich machte. Trotzdem blieben Lawinen- und Unwetterkatastrophen nicht aus.

Erst mit dem 20. Jahrhundert beginnt der
Mensch sein Wissen um sichere Siedlungsplätze
und Gefahrenräume zu vergessen. Viele Bergregionen wandeln sich rasch von einer Agrar- zu
einer Erholungslandschaft, und diese wird weiter
umgeformt.

Die Anfänge des modernen Fremdenverkehrs
in den Bergen – nach dem Heil- und Bädertourismus in der Römerzeit, den Pilgern im Himalaya,
den Wallfahrern im Mittelalter –, liefen parallel
zur Erschließung der Hochgebirge ab.

Am Ende des 19. Jahrhunderts begann mit dem Bau der alpenquerenden Bahnlinien ein Erholungs- und Reiseverkehr größeren Stils. Nach dem Ersten Weltkrieg wurde der Skisport populär, es entwickelten sich erste Wintersportzentren mit großen Hotels und Aufstiegshilfen. Im 20. Jahrhundert wurde in den Alpen, neben Industrie und Wasserkraftnutzung, der Tourismus weiter ausgebaut. Wo bis vor fünfzig Jahren land- und forstwirtschaftliche Nutzungsformen vorherrschten, finden wir heute Tourismusbetriebe oder Brachland. Wo teilweise Bergbau betrieben wurde, gibt es heute entweder Industrie oder gar nichts mehr.

Mit dem Massentourismus nach dem Zweiten Weltkrieg wurde – zuerst in den Alpen, zwischenzeitlich in fast allen stadtnahen Gebirgen – die systematische Erschließung der Fremdenverkehrsorte mit touristischen Infrastrukturen wie Seilbahnen, Liftanlagen oder Skikarussells eingeleitet. In sehr kurzer Zeit vollzog sich jener grundlegende Wandel vom Agrar- zum Erholungsraum, der ausgesparte Gebiete verarmen und erfolgreiche Regionen verstädtern ließ.

Nun fliehen Millionen aus großstädtischer Anonymität in die »heile Welt« der Berge und provozieren dort mit ihrem massenhaften Ansturm jene Aggressionen, Lärm, Hektik und Enge, der sie eben erst entfliehen wollten.

Ich weiß, all diese Luft-, Weite-, Ruhe- und Erholungshungrigen sind für Stille, Entschleunigung, eine saubere Umwelt – sie sehen nur die Kluft zwischen Anspruch und Realität nicht. Die vielen Städter befriedigen im Gebirge ihren Bewegungsdrang und reisen wieder ab – meist zufrieden, nicht selten mit moralischer Entrüstung über den Niedergang »ihrer Berge«. Denn die als Ausgleich zum Stress der modernen Leistungsgesellschaft allerorts angebotenen Abenteuer- und Erlebnisangebote möchten viele weiterhin exklusiv für sich haben. Da steigende Einkommen bei sinkender Arbeitszeit und gleichzeitig höherer Mobilität häufigere und weitere Reisen ermöglichen, hetzen sie immer öfter und schneller dem »letzten Kick« hinterher, »der nur noch ihnen gehört«.

Mit den Bemühungen um verträgliche Nutzung und aktive Bewahrung der Alpen – dort, wo der Alpinismus mit seinen touristischen Folgen begonnen hat –, sind wir Vorbild für alle anderen Berggebiete der Erde. Hier wie dort führen nur großräumige, länderübergreifende Ansätze zum Erfolg. Wie soll die verlorengegangene Bindung des Menschen zur Natur wiederbelebt werden? Die Hauptblockaden stecken in unserem Empfinden, in unseren Instinkten, in unserem Respekt den Bergen gegenüber.

Wer die Umweltprobleme unserer Zeit ernsthaft angehen will, muss nicht nur vernetzt denken und handeln, wir müssen vor allem die vielen Städter kennen, die Bergregionen weltweit nur als großen Spaß- und Erholungsraum wahrnehmen. Das Potential der Gebirge liegt vor allem darin, dass sie alles bergen, was der Stadtmensch eigentlich ersehnt und auch morgen noch braucht.

Während es beim Sportklettern in der Stadt das vorrangige Ziel ist, unter Begrenzung jeder Gefahr größtmögliche Leistungen zu erbringen, geht es beim Bergsteigen darum, die Schwierigkeiten des natürlichen Berggeländes nur mit jenen Schutzmöglichkeiten zu überwinden, die der Berg selbst bietet. Man hat also vorübergehend die Chance, in den archaischen Raum einzutauchen, der uns erst zum heutigen Menschen gemacht hat.

2
Die Berge und ich

Der Trost der Berge

> Die Natur ist die
> Quelle der Inspiration
> und der Hoffnung.
> *Vincent van Gogh*

Meine Sehnsucht nach unberührten Landschaften stille ich vor allem im Gebirge, in welchem Land auch immer. All diese Berge sind viele Millionen Jahre älter als wir, und die Menschheit, gemessen an ihrem Zeithorizont, wird nur eine kurze Episode auf dieser Erde bleiben. Übrigens: Uns Menschen gäbe es nicht ohne die Gebirge. Wäre die Erde flach, ohne Höhen, Berge, Täler und Ebenen, würde Wasser – die Ozeane – alles Land bedecken. Kein Wunder also, dass viele Mythen – auf allen Kontinenten, in verschiedenen Zivilisationen und Völkern – den Berg zum Inhalt haben. Dabei wird der Berg gleichzeitig mit der Erd- und Menschheitsgeschichte in Verbindung gebracht.

Wie viele Rituale – in Tibet, auf Bali, in Japan, Ecuador, bei den Hopi – sind diesen Mythen gewidmet, den Gebirgen, die Götter tragen oder den Bergen als Erdachse, um die sich alles dreht.

Es sind weniger die geologischen Fakten, die erdgeschichtlichen Zusammenhänge, die uns angesichts der Gebirge staunen lassen, als vielmehr die Mythen und Märchen, die von Dämonen, Hexen und Fabeltieren erzählen, die jenes Reich besiedeln, das den Menschen kaum zugänglich ist.

Berge sind für uns Lebende nicht lebensnotwendig und das Reich der Toten meiden wir, trotzdem haben wir Sehnsucht nach ihrer Höhe, der Stille, der Weite des Raums. Dort, wo die Berge den Himmel berühren, ist Unendlichkeit, Zeitlosigkeit, »das Reich der Seelen«.

Auf Hügel, zu denen die Seelen Verstorbener heimkehren, stellt man im Westen Nepals menschliche Figuren aus Holz, die, von göttlichem Geist erfüllt, den Zurückgebliebenen Trost und Lebenshilfe sind. Unter diesen heiligen Plätzen finden immer wieder Rituale statt: Tänze, Opferfeste, Gebete und Gesänge.

Ein Drittel der festen Erdoberfläche ist gebirgig, es gibt also ausreichend Raum für unsere Sehnsucht, unsere Sinne, unsere Seelen. Heute sind mir die Berge Erholungsraum und Ruhepol zugleich. Ich lebe hoch oben am Berg, erlebe ihn in allen Jahreszeiten, bei Sonnenschein und Sturm. Wenn ich unterwegs bin, in allen nur erdenklichen Gebirgslandschaften, kann ich mich aufs Gehen konzentrieren, auf die jeweilige Bevölkerung am Wegrand, auf meine Bedürfnisse. Die Gipfel sind nicht mehr Ziel, sie tragen das Tor zur Unendlichkeit: Wenn all die Reize der Anreise abklingen, kommt Stille auf, Langsamkeit, Geduld. Langsam gehen, abwarten, einfach nur da sein, atmen, ohne sich Fragen zu stellen.

Der Weg hinein ins Gebirge ist dabei wie getragen werden: vom Rhythmus des Wassers, das zu Tal fließt, den intensiven Farben, wechselnden Gerüchen, Erinnerungen. Das stundenlange Schweigen, die Einfachheit des Lebens vor Ort, lässt mich endgültig zur Ruhe kommen. Nichts anderes zu wollen, vorsichtig mein Weg zu werden, ohne irgendwelche Spuren zu hinterlassen, ist mit dem Respekt verbunden, mich selbst mit den Bergen als eins zu erfahren. Ich höre, rieche, schaue in meine nahe Umgebung und bin nur noch ein winziger Teil des Vergehens.

Zu Fuß in die Berge

Lebet wohl, ihr glatten Säle,
Glatte Herren! Glatte Frauen!
Auf die Berge will ich steigen,
Lachend auf euch niederschauen.
Heinrich Heine

Wanderlust, eine Wortfügung der Romantik, beschreibt die Fortbewegung auf zwei Beinen. Im Gebirge ist dieses Wandern ein Maßnehmen mit all unseren Sinnen. Es ist selbstbestimmt, entdeckend, beruhigend. Wir lauschen dabei den Vögeln, kommen zur Ruhe, schauen mit weitem, wachem Blick auf die umliegenden Berge, die damit aufhören, nur Kulisse zu sein.

Besonders bis zur Vegetationsgrenze hat die Bergwelt eine wohltuende Wirkung auf uns Menschen: Dort, wo es grün ist, Bäume, Blumen, Gras wachsen, atmen wir freier als in der Enge der Täler oder am nackten Fels. Und spüren, dass den Bergen darüber eine besondere Energie innewohnt.

Es tut mir gut, unterwegs zu sein auf Wegen am Übergang von Kultur- in Naturlandschaft. Dabei wird meine Kreativität angeregt, die Berge ringsum werden zum Spiegel meiner Existenz.

Unser Lebenstempo beschleunigt sich ständig, Erlebnisse werden immer flüchtiger, das reglementierte Stop-and-go in den Städten ist schier unerträglich. Wandern hingegen ist die einfachste Form der Entschleunigung. Mit jedem Schritt ändert sich das Landschaftsbild, klingt der Boden unter den Füßen anders, tritt man in ein neues Duftfeld ein. So öffnen wir uns für Unerwartetes, Neues. Diese offene, absichtslose Aufmerksamkeit hat wenig zu tun mit dem Werbespruch »Draußen zu Hause«, fördert aber Ideenfindung, verhilft zu Orientierung und schenkt klares Raum-Zeit-Gefühl.

Der Blick zurück ins Tal und nach vorn, zum Horizont, ist der Beginn selbstständiger Standortbestimmung. Sich in fremder Umgebung zurechtzufinden, gehört zum Reiz des Unterwegsseins – ja, auch Strapazen gehören dazu –, beim Wandern im Grün der Gebirge muss aber niemand an die eigenen Grenzen gehen. Die Wildnis dagegen – Wüsten, Polarzonen, Hochgebirge – ist faszinierend, dabei aber so unwirtlich, dass Erholung dort kaum möglich ist.

Sinnhaftigkeit entsteht immer dann, wenn wir ganz eintauchen in Landschaft, Wetter, Klima. Bewusster Umgang mit der Natur nimmt zu im intensiven, häufigen Kontakt mit ihr. Denn: Nur wo wir zu Fuß waren, waren wir wirklich und mit unserem ganzen Wesen, dorthin wollen wir auch wieder zurückkehren.

Immer, wenn ich nicht mehr weiterweiß, gehe ich ein Stück: den Berg hinauf, ins Gebirge hinein. Ich muss nur die kleine Tür im großen Eingangstor hinter mir abschließen und es kann losgehen. Die Beine bewegen sich unter mir und bald schon ist der Kopf frei. Ich habe heute ein recht pragmatisches Verhältnis zu den Bergen, die in meinen Jugendjahren Sehnsuchtsraum waren, auch weil die Möglichkeiten, dorthin zu gelangen, begrenzt waren.

Heute kann ich überall hinreisen, aber nicht mehr überall hinaufsteigen, trotzdem sind Berge meine Bezugspunkte geblieben. Dort oben sind Licht und Luft anders als im Tal, dazu kommt die körperliche Anstrengung, die über mein Alter sowie meinen Zustand Auskunft gibt. Das Denken weitet sich mit dem Horizont, und diesen Gedanken, die beim Hochsteigen andere sind als beim Absteigen, kann ich trauen. Mit jedem Schritt ändert sich meine Position im Gebirge und somit auch die Perspektive auf die Welt und zuletzt die Sicht auf mein Leben!

Am liebsten gehe ich allein, nicht in Seilschaft, folge nicht vorgegebenen Wegen, sondern meinem Instinkt. Am Ende muss ich nicht auf einem Gipfel stehen, auch nicht auf dem »Gipfel der Gefühle«. Mein Bergsteigen ist nicht mehr eine als Gegensatz zur Stadtkultur inszenierte Lebensweise; es ist nichts anderes als der Versuch, in den Bergen Ruhe, Stille und Ausgleich zu finden. Auch, die Langsamkeit wiederzuentdecken.

Ungewohnte Perspektiven

Und schöne weiße Wolken ziehn dahin
durchs tiefe Blau, wie schöne stille Träume; -
Mir ist, als ob ich längst gestorben bin,
und ziehe selig mit durch ew'ge Räume.
Hermann Allmers

Das Bergsteigen besteht nicht nur aus dem Hinaufsteigen und Herunterkommen, wir erleben dabei den Abstand zum Alltag besonders intensiv, sind gezwungen – uns auf das Notwendige reduzierend –, immerzu präsent und achtsam zu sein. Diese gleichzeitige Konzentration auf unsere Bewegungen und die Umgebung lässt Makro- und Mikrokosmos in uns verschmelzen. Der Verzicht auf Luxus, dazu Anstrengung und ständige Aufmerksamkeit, machen Bergsteigen zu etwas Essentiellem, zur Quelle von Zufriedenheit.

Mehr als um Auf- und Abstieg geht es dabei, sich selbst auszuliefern. Nicht dem Wildnisparcours oder Naturpark, sondern den eigenen Gemütslagen, Gegensätzen, Widersprüchen in uns. Bergsteigen ist eine Art Introspektion, zwingt zur Selbstanalyse. Es dreht sich also nicht nur um banale Fragen: Hält das Wetter? Wie schwierig ist die nächste Passage? Werde ich rechtzeitig zu-

rück sein? Im Fokus stehen emotionale Lebens-
äußerungen wie Angst, Energierückflüsse, Ge-
lassenheit. Es geht auch um das eigene Gleichgewicht in einer oft kalten, bedrohlichen Welt
mit ihren Höhen und Tiefen, Gipfeln und Tälern.
Wenn wir die Postkartenperspektive, aus der wir
die Berge nur von unten sehen, einmal verlassen,
wird alles anders: Die Landschaft wirkt anders
auf uns, Raum und Zeit treten in Beziehung zu-
einander, unser Körper wird uns bewusster.

Eine permanente Achtsamkeit – der Umgebung und uns selbst gegenüber – lässt uns Teil
werden vom Ganzen. Wir erleben Landschaft
dabei visuell, akustisch und mit unserem Tast-
sinn zugleich. Es sind weit offene Landschaften,
die Übersicht erlauben, den Blick vom Gipfel
zum Beispiel oder von einem Hügel in die Weite
der Savanne. Wir Menschen suchen den Über-
blick, wollen Maß nehmen.

Die Berge – so unendlich größer als wir, die
zurückgelassene Welt spielzeugklein – haben etwas Heilendes. Nicht das In-die-Berge-Rennen
an der Leistungsgrenze, nicht das extreme Klettern
am Limit, nicht das Unterwegssein nahe am
Gipfel der Angst, sondern das von der Neugier
genährte Unterwegssein unterhalb unserer Leistungsgrenze.

Das Bild der Berge als Zufluchtsort, als Flucht-
burg für Zivilisationsgeschädigte aller Art, kennen
wir seit der Aufklärung. Im 18. Jahrhundert ging

es einher mit der Idealisierung der Gebirge und ihrer Natur, wenig später kam es zur Heroisierung der Alpinisten – keine gesunde Entwicklung!

Auf den Spuren der alpinen Geschichte

Nur im Widerstreit gegensätzlicher Meinungen wird die Wahrheit entdeckt und an den Tag gebracht.
Claude Adrien Helvétius

Abgesehen vom sportlichen und emotionalen Erlebnis vermittelt mir jede klassische Bergtour ein unmittelbares Erleben eines Teils der alpinen Geschichte. Ich kann nie umhin, mich im Geist in die Zeit der Erstbegehung der betreffenden Route zurückzuversetzen, die damalige Einstellung der Alpinisten zum Berg zu analysieren und an ihre bescheidenen Mittel zu denken.

Aus Interesse an ihrem Tun und aus sportlicher Fairness bemühe ich mich immer, mit den Mitteln von damals auszukommen. So nur habe ich gelernt, die Erstbegeher richtig einzuschätzen und den Verlauf der alpinen Geschichte zu begreifen. Immer wieder, wenn ich zum Beispiel unter der Schlüsselstelle am Winklerturm in der Rosengartengruppe stehe, frage ich mich, ob der 17-jährige Georg Winkler damals den Riss oder die Wandstelle rechts davon geklettert ist. Nur wenn man weiß, dass Winkler in Nagelschuhen kletterte und sich damals als Alleingeher nicht selbst sichern konnte, gewinnt die Frage an Bedeutung.

So gibt mir jeder Gipfel, jede interessante Schlüsselstelle und jede Route Einblick in die alpine Geschichte, und ich achte sehr wohl auch auf deren Kriterien, wenn ich meine Touren wähle. Es fasziniert mich, auf den Spuren alpiner Geschichte bergzusteigen, kann ich doch bei jeder Wiederholung das Abenteuer der Erstbegeher nachvollziehen und so die Überlieferungen vom Verhältnis Berg-Mensch als Hoffnung weitertragen und forterzählen. Das Narrativ zum Alpinismus ist mir ebenso wichtig wie das Tun selbst.

Es gibt keine sportliche Betätigung – auch das Abenteuer am Berg hat eine sportliche Dimension -, die so viel Literatur hervorgebracht hat wie der Alpinismus. Dazu bildende Kunst, Musik und Lebensphilosophien.

Unser Verhalten am Berg, unsere Einstellung, hängen von diesem Narrativ ab und so kommt es, dass jedes Gebirge – zum Beispiel Kaiser, Dolomiten, Kaukasus, Yosemite – eine Art eigene Schule hervorgebracht hat. Auch weil die jeweils jungen Generationen auf die Erzählungen der Vorgänger aufbauen, von ihnen lernen.

Die mündlichen Überlieferungen – wo genau ist eine Seilschaft vom Blitz getroffen worden; wie haben die Erstbegeher die Schlüsselstelle einer bestimmten Route gemeistert; wer hatte die Idee zu dieser oder jener Neutour – sind meist genaueste Berichte über das Gestern. Auch wenn sie schon Jahrzehnte zurückliegen.

Immer und überall bauen junge Alpinisten auf Erfahrungen ihrer Vorgänger auf. So bildete sich insgesamt eine Haltung den Bergen gegenüber heraus, die in Summe unser Tun bestimmt.

In dieser globalisierten Welt ist es nun nicht mehr so, dass die Spitzenbergsteiger einer Nation – zuerst waren es Briten, dann Deutsche, später Franzosen, Polen, Slowenen usw. – bestimmen, wohin die Entwicklung geht. Es ist die Summe der verschiedenen Berichte und »Erzählstränge«, die eindeutig definiert, was Tourismus, Sport oder Alpinismus ist.

Dabei ist für alle Platz im Gebirge, sofern das eigene Tun als das verstanden wird, was es ist. In der Auseinandersetzung mit der jeweiligen Literatur und den lokalen Bergsteigern und Kletterern sind klare Schlüsse ziehbar, eigene Verhaltensweisen korrigier- beziehungsweise anpassbar. Niemandem also steht es zu, »richtiges Bergsteigen« zu definieren. Es folgt einem 250-jährigen Entwicklungsprozess, dem dabei angehäuften Erfahrungsschatz und Narrativ. Nur eines ist klar: Traditioneller Alpinismus basiert auf seinen Traditionen und findet in archaischen Landschaften nach anarchischen Verhaltensmustern statt.

Die Freiheit, aufzubrechen, wohin ich will

> Der Weg entsteht beim Gehen,
> beim Gehen entsteht der Weg,
> und im Blick zurück
> sieht man den Pfad,
> den man nicht wieder betreten muss.
> *Antonio Machado*

Die Frage, die mir häufiger als jede andere gestellt wird, ist die Frage nach dem Warum. Ja, warum steigt einer auf den Mount Everest? Allein, ohne Sauerstoffgerät, im Monsun? Niemand hat mich dazu gezwungen – außer ich selbst. Ich war besessen von dieser Idee, einer Möglichkeit der Auseinandersetzung zwischen dem Berg und mir. Nein, ich suchte keinen Kampf, keinen Sieg, und mein Obensein war weder Erleuchtung noch Eroberung im herkömmlichen Sinn. Ich war nur da, wo ich hinwollte.

Ich weiß, mein Tun ist nicht produktiv, es ist nur möglich. Nutzlos, misst man es mit profanen Maßstäben, und gefährlich für den Einzelnen, sieht man in einem frühen Tod ein Unglück. Für eine Gesellschaft, die Produktivität und Profit zum Maßstab des Wohlstandes erhoben hat, ist es absurd, auf Berge zu steigen: Da oben wächst nichts, kein Öl ist zu holen, auch kein Gold. Trotzdem, gerade dort wollte ich hin, obwohl ich mich so hoch oben nicht wohlfühle. Vielleicht, weil ich in dieser lebensbedrohenden Wildnis viele meiner Fähigkeiten ausdrücken kann, vielleicht auch, weil mir als Grenzgänger zwischen Leben und Tod wesentliche Erfahrungen zuwachsen. Nein, ich suche da oben nicht ein frühzeitiges Ende, ich fordere mein Leben. Bergsteigen als »Widerstand gegen den herausgeforderten Tod« (Gottfried Benn), muss von einer Produktionsgesellschaft, die auch Kunst und Freizeit nach den Marktgesetzen von Angebot und Nachfrage beurteilt, missverstanden werden als eine Lebensform im Abseits.

Mir persönlich stellt sich die Frage nicht so, denn mein Leben ist nicht in Arbeit und Freizeit aufgeteilt. Weder konsumiere ich meine Tage noch irgendwelche Güter, sondern fülle mein Leben aus. Tag für Tag. Ich glaube nicht, dass der Mensch irgendeine »Bestimmung« hat, den Inhalt des Lebens erfinde ich mir selbst.

Warum geht einer an die Grenzen seiner Leistungsfähigkeit? Vielfach aus denselben Gründen, aus denen jemand überhaupt Leistung sucht. Aus Ehrgeiz, aus Eitelkeit, aus Lust. Ja, auch Lust an der Leistung. Wenn die Grundbedürfnisse des Lebens befriedigt sind, bleibt uns Zeit und Kraft zum Spielen. Unsere Energien, unsere Ideen, unsere Fähigkeiten auszuspielen. Wer dabei hohe

Ansprüche an sich selbst stellt, erntet letztlich Selbstwertgefühl, Lebenslust, Selbstmächtigkeit.

»Idealismus« in diesem Zusammenhang ist mir suspekt. Wer nicht mit Begeisterung auf seinen Berg steigt, steigt auf den falschen Berg.

Jedes meiner Abenteuer ist ein Einsatz wider die Nützlichkeit. Weil ich davon überzeugt bin, dass das Bergsteigen »die Eroberung des Nutzlosen« ist, brauche ich für mein Tun keine allgemeingültige Rechtfertigung – es muss nur mir selbst wichtig sein. Dabei unterliegt alles Tun, ob nützlich oder nicht, denselben Gesetzmäßigkeiten. Freude gewinnt nur, wer sich ganz mit einer Sache identifiziert, wer 100 und nicht nur 99 Prozent gibt. Zudem ist der Erfolg nicht nützlicher als das Scheitern, er löst nur andere Empfindungen in uns aus.

Mindestens drei Viertel meines Lebens sind vorüber, und ich fordere mich immer noch. Allerdings frage ich nicht mehr, warum. Erst wenn ich von einer Idee getragen bin, breche ich auf. Sie muss mich sprengen, begeistern, fordern. Dann frage ich nicht mehr nach Gewinn und Verlust: die Neugierde ist mein Treibstoff. Der Alpinist konkurriert und rivalisiert nur mit einem, und das ist er selbst. Er verlangt etwas von sich, eine Leistung, auch eine Verzichtleistung – wenn nötig, weiß Viktor E. Frankl. Beim Unterwegssein gilt es dann, sich von Zwängen freizuschwimmen, jede Art von Fremdbestimmung abzulegen.

Die Kraft, frei zu sein, hängt mit der Intensität unserer »Träume« zusammen. Realität und Traum können deckungsgleich werden. Du denkst dir etwas aus, hast eine Idee und bist später fähig, diese am Berg zu leben. Das gibt ein Gefühl des Einsseins von Geist, Körper und Kosmos. Selten habe ich so viel innere Harmonie verspürt wie nach Erstbegehungen, die ich genau nach meinen Vorstellungen verwirklichen konnte. Die gekletterte Linie, der schöpferische Akt dabei, machte frei. Oft kam ich mir dabei vor wie ein Architekt oder Maler. Keinen Augenblick lang die Notwendigkeit, mein Tun legitimieren zu müssen. Diese gekletterte und trotzdem nur gedachte Linie in der Wand, meine Route, bleibt eine Äußerung meines Geistes.

Immer wieder versuche ich, neue Ideen zu verwirklichen, auch mit dem Risiko des Scheiterns. Also Leistungswille, nicht Leistungsdruck. Der Mut zum gesunden Egoismus ist die Voraussetzung für diese »freie« Lebenshaltung. So bin ich Initiator und Akteur zugleich bei meinen Unternehmungen.

Nicht wer Grenzen überschreitet, die in uns liegen, ist verrückt, sondern wer sie negiert, wer die Grenzen der Menschennatur nicht anerkennt. Für diese Lebenshaltung erwarte ich keinen Applaus. Auch kein Einverständnis. Ich erwarte Widerspruch und nehme mir weiterhin die Freiheit, aufzubrechen wohin ich will.

3
Was sich ändern muss!

Rettet die Berge

> »Wer stark, gesund und jung bleiben will, sei mäßig,
> übe den Körper, atme reine Luft und heile sein
> Weh eher durch Fasten als durch Medikamente.«
> *Hippokrates von Kos*

Mein erstes Buch *Zurück in die Berge* schrieb ich
als 25-jähriger Aussteiger. Widerstand und Ver-
weigerung richteten sich aber nicht gegen den
Staat und die kapitalistische Welt, sie suchten sich
jenseits von Datennetzen und Polizeigesetzen eine
Existenz, ein Reservat zur Selbstäußerung. Mein
alternatives Denken lenkte meine Lebensweise:
eine von den inneren Bedürfnissen bestimmte
Lebensweise, die aber durch etablierte Kräfte
überall eingeschränkt zu sein schien.

Nach wie vor stehe ich zu diesem »Zurück in
die Berge«, aus dem, obwohl längst vergriffen,
noch immer da und dort zitiert wird. Auch wenn
die Alpinistik sich anders weiterentwickelte, als
ich es wünschte, fühle ich mich mitverantwortlich
für das Morgen.

»Unsere Krise ist die Krise des Sattseins«,
schrieb ich damals. »Wer kennt nicht das Gefühl,
im Wohlstand zu ersticken?« Allerdings wollte ich

nie kaputt schlagen, was mich selbst kaputt machte. Ich konnte nur meinen eigenen Weg gehen. Das Bergsteigen war mein erster Schritt dazu: unterwegssein in einer archaischen Welt, nach anarchischen Verhaltensmustern.

Mir geht es weniger um eine politische Antwort auf die Moralfrage vom Dürfen im Verhältnis zum Können des Menschen. Die Probleme der Überbevölkerung und des wachsenden Ressourcenverbrauchs, einer zu hohen Beschleunigung der Innovationsprozesse und weltweiten Globalisierung können wir Bergsteiger allein nicht lösen. Weder auf die globale Erwärmung noch aufs Management der Biosphäre oder das Transitproblem in den Alpen werden wir wesentlichen Einfluss haben. Letzteres wird noch gravierender werden, weil die europäische Wirtschaftsentwicklung auf immer mehr Verkehr aufbaut und die West-Ost-Transitachse zum Süd-Nord-Verkehr durch die Alpen hinzukommt.

Nicht nur der Mensch schädigt Natur, während er seine eigene Natur entfaltet, die Naturzerstörung gehört zum Natürlichsten der Welt. Der Zynismus dabei: Sollte der Mensch glauben, er könne die Natur endgültig vernichten, übernimmt er sich. Die Natur hat ein schier unerschöpfliches Erneuerungspotential und wird uns überleben. Dennoch haben wir nicht das Recht, den Weltuntergang unreguliert geschehen, es einfach darauf ankommen zu lassen.

Mein Anliegen ist nun nicht, den Untergang des Bergsteigens zu verkünden oder einen Verhaltenskodex für »richtiges Bergsteigen« vorzulegen. Ich möchte die Berge so zeigen, wie wir sie heute vor uns sehen, und Überlegungen anstellen, wie wir aus einer unpolitischen, nur der Freiheit der Berge verpflichteten Naturschwärmergemeinschaft, zu Alpinisten mit ökologischer Eigenverantwortung werden. Wir dürfen ohne Umweltkomplex bergauf, bergab steigen, sind weder »Alpenkonsumenten« noch »Naturnützer«, müssen aber lernen, uns im Drang hinaus in die Natur einzuschränken, wenn wir die Alpinistik retten wollen. Weil wir so viele geworden sind!

Obwohl der Eroberungs- und Enthaltsamkeitswahn im Gebirge allmählich endet, titanische Gipfelsiege und das Bergbahnfieber suspekt werden – die Touristenflut nimmt weiter zu. Mit Heimatromantik ist weder die Naturlandschaft zu retten noch der Zusammenbruch der Berglandwirtschaft aufzuhalten. Deshalb fordere ich von den Alpinisten eine Pionierrolle, wie wir sie bei der touristischen Erschließung der Alpen innehatten, nur mit umgekehrten Vorzeichen. Es geht um die Verantwortung für den Schutz der Gebirge.

Wir können und wollen nicht zurück in ein früheres Zeitalter. Die Mobilität allerdings, die eine Erschließung von Berggebieten durch Bahnen und Straßen fordert, muss, da sie Ursache der meisten Umweltschäden außerhalb von Siedlungsräumen ist, infrage gestellt werden. Dabei geht es nicht nur um das Überleben möglichst vieler Pflanzen- und Tierarten, es geht auch um die Werte Größe, Stille, Harmonie und Gefahr, ohne die das Gebirge für uns wertlos ist.

Das Wie zählt

»Tu zuerst das Notwendige, dann das Mögliche,
und plötzlich schaffst du das Unmögliche.«
Franz von Assisi

1. Die Kunst, auf Berge zu steigen, ist getragen
   von der Spannung aus Vertraut- und Fremd-
   heit. Der Bergsteiger soll sich also nur in kleinen Schritten in die Wildnis vortasten, die er
   unverändert zu hinterlassen hat.
2. Das Können ist dabei des Dürfens Maß. Im
   Gebirge gilt das Prinzip der Eigenverantwort-
   lichkeit. Richtiges Abenteuer bedeutet immer
   Ungewissheit, Risiko. Also ist äußerste Vorsicht gefragt und die Bereitschaft zu scheitern.
3. Die Pflicht, in Natur und Gebirge keinen Müll
   zu hinterlassen, ist selbstverständlich. Giftmüll
   (Medikamente, Batterien) muss in die Ur-
   sprungsländer zurück. Müllvermeidung und
   Energieeinsparung gehen beim Bergsteigen
   Hand in Hand.
4. Respekt gegenüber Einheimischen hat mit Be-
   obachtung zu tun, nicht mit Belehrung oder gar
   mit Nippesverteilung. Fernreisen haben mit
   Kolonialismus und Eroberung nichts zu tun.

5. Wer daheim vom Mittelgebirge ausgesperrt bleibt und daher immer weitere Fernreisen unternimmt, um auf seine Art im Gebirge unterwegs sein zu können, ist auf dem Holzweg. Ursachen von Gebietssperrungen müssen erkannt, anschließend besprochen, behoben oder respektiert werden. Bergsteigen oder Klettern wird nicht verboten werden, wenn wir Modegebiete in der Nähe von Ballungsräumen meiden.

6. Die Technisierung des Bergsteigens beginnt nicht erst beim Helikopter. Auch das Funkgerät zur Unfallmeldung gehört dazu. Wer über Funk oder Telefon auch in seiner Freizeit verfügbar sein muss, bleibe im Hotel, Auto oder Büro.

7. Je mehr Komfort (Seilbahnen, Sicherungshaken, Hütten, Hubschrauberunterstützung) wir fordern, umso mehr Bergwildnis opfern wir.

8. Pionierleistungen finden heute ausschließlich in abgeschiedenen Gebieten statt oder bei Säuberungsaktionen, wenn es dabei tatsächlich um den Müll geht und nicht um eine Rechtfertigung, auch noch zum Gipfel (Beispiel Mount Everest) zu kommen.

9. Nicht das Ob, sondern das Wie muss immer wieder neu hinterfragt werden.

Sanfter Tourismus

> Es geht beim Bergsteigen nicht um Schuld oder
> Unschuld. Es geht um Verantwortung. Möglich oder
> unmöglich sind Kriterien, das Können muss dabei
> immer des Dürfens Maß bleiben. Jede/r hat am
> Ende seinen Anteil an Verantwortung zu tragen.
> *Reinhold Messner*

Können wir Tourismus und Ökologie in Einklang
bringen? Haben wir das Recht, den Himalaya zu
besuchen? Nur wenn wir uns dort so verhalten,
dass keinerlei Schäden bleiben. Man nennt es
»sanftes Reisen« oder auch »Öko-Tourismus«.

Ich weiß, dass diese Forderung spät kommt.
Zu spät? Der Tourismus ist für die Himalayaländer
eine wesentliche Einnahmequelle, vielerorts der
wichtigste Devisenbringer überhaupt. Gleichzeitig
ist der Himalaya für viele ein einmaliges, ein be-
sonderes Stück Erde, in dem wir unser Mensch-
sein erfahren können. Wie sollen wir die Natur-
gesetze kennenlernen, wenn es keine reißenden
Flüsse, keine Gletscher, keine unberührten Weiten
und Höhen mehr gibt?

»Raubt dem Himalaya nicht seine letzten
Geheimnisse«, hat Oswald Oelz gefordert. Markierte Wanderwege, Schutzhütten und Seilbahnen

sind dort fehl am Platz. Wichtiger ist, dass wir all unseren Müll wieder mit ins Tal bringen, dass wir die Menschen und Kultur des jeweiligen Gastlandes respektieren.

Sherpas sind seit Jahren nicht mehr nur Hochträger, ich gliederte sie als gleichwertige Teilnehmer meinen Expeditionen ein, respektiere ihre Bräuche und Götter. Am Kanchenjunga, dem dritthöchsten Berg der Erde, blieb ich gerne wenige Meter unterhalb des Gipfels stehen, um die Gefühle der Sherpas gegenüber der »Heiligkeit dieser Bergspitze« nicht zu verletzen.

Seit bald 35 Jahren werbe ich in meinen Büchern und Vorträgen für ein Bergsteigen »by fair means«. Es geht mir dabei nicht nur um eine Alpinistik der einfachen Mittel, um das menschliche Maß, es geht um Ökologie. Wenn ich auf die Sauerstoffflasche verzichte, komme ich erst gar nicht in Versuchung, sie oben liegen zu lassen. Nur wenn der gesamte Himalaya wie ein Naturpark respektiert wird, bleibt er faszinierend.

Wir erobern die Bergwelt nicht. Täler und Gipfel, von denen wir geträumt haben, betreten wir nur kurz und verlassen sie, wie wir sie vorgefunden haben, im Idealfall so, wie sie seit vielen Jahrtausenden bestehen: als eine Urlandschaft, die alle Gesetze dieser Erde in sich birgt, als einen geheimnisvollen Raum zur Befriedigung unserer »religiösen Bedürfnisse.« Nichts währt kürzer als ein paar Fußabdrücke auf dem Gipfel eines

Berges. Wind und Schnee decken sie rasch wieder zu.

Es braucht keine Regeln für das Höhen- und Expeditionsbergsteigen, es braucht nur die Bereitschaft, in Eigenverantwortung und mit so wenig Aufwand wie möglich dorthin zu gehen, wo der organisierte Tourismus nicht hinkommt, weil er dort nicht zu verantworten ist. Raum dafür wird es immer geben, solange unser Bestreben in erster Linie darin besteht, keine bleibenden Spuren zu hinterlassen.

Keine Ersatzgebirge

Früher bestieg der Mensch Berge,
heute holt er sie ins Tal.
Emil Zopfi

Seit der Aufklärung beschäftigt der Verlust der Natur das bürgerliche Gewissen. Eine Naturvorstellung, die Gefahren verdrängt zugunsten der Idylle und die Sehnsucht nach dem verlorenen Paradies fördert, verharmlost die Beziehung zwischen Mensch und Elementen.

Die schnell wachsende Verstädterung zu Beginn unseres Jahrtausends hat unser Gewissen zwar wachgerüttelt, aber auch wir Bergsteiger konnten bisher dem Umweltschutz keine pragmatische Wendung geben. Zwei entgegengesetzte Lösungen bieten sich an: Wir bleiben zu Hause und führen »Natur« in die Stadt ein – in Form von Kletterhallen zum Beispiel –, oder wir gehen hinaus, lehnen aber jede weitere Erschließung ab. Die Güter und Werte, um die es am Berg geht, sind nicht für alle zu haben – es kann sie nur für wenige geben, oder es gibt sie bald überhaupt nicht mehr.

Die Kletterhalle, die Holzwand, der Plastikgriff sind die Konsequenz einer Entwicklung, während derer sich Klettern immer weiter vom ursprünglichen Zweck entfernte und zum eigenständigen sportlichen Tun entwickelte. Die Möglichkeit für die breite Masse zum Aufstieg aus den Betonschluchten der Städte in die Berge hat die Stadtkultur ins Hochgebirge hineingetragen.

Doch die Probleme der Hochgebirgsregionen dieser Erde lösen wir nicht mit vollständiger Erschließung aller Gebirge. So wichtig der flächendeckende Tourismus für die Berglandwirtschaft ist, für die Naturlandschaft bedeutet er das Ende. Wenn in jede Klamm ein Weg, auf jeden Hügel eine Bahn führt und auf jedem Gipfel Outdoor-Telefonisten sitzen, die nach ihren Action-Erlebnissen der Welt ihren Sinnersatz verkünden, bleibe ich lieber unten. Denn unsere kognitiven Fähigkeiten wachsen mit der Reduktion von Vorgaben.

Wenn für uns alle nur noch ein bisschen Raum, ein wenig Ruhe, begrenzte Zeit übrig sind, hat keiner mehr etwas vom Hochgebirge. Verschwenderisch mit diesen Werten umzugehen – zumal bei sinkender Arbeitszeit und weiter wachsender Freizeit der Massen –, hieße sie vernichten. Minimalismus in der Erschließung ist also die Antwort. Eine zweite Hochgebirgsnatur haben wir nicht. Ich weiß, dieser Vorschlag klingt elitär, wer aber bereit ist, seine Philosophie als »Disziplin verkörperten Lebens« auszuüben, wird mir folgen – soweit er/sie es bei so viel Eigenverantwortung, Einsamkeit, Gefahr, die damit verbunden sind, kann und darf. Den Weg, den wir Bergsteiger gesucht, markiert, gewählt haben – auch wenn wir ihn immer wieder gegangen sind –, diesen Weg gibt es gar nicht. Alle Erfahrungswege entstehen erst im Gehen.

Aufpassen!

Luftschlösser zu bauen ist nicht das Schlechteste.
Baue hinterher einfach ein Fundament darunter.

Henry David Thoreau

Jeder bekommt Angst, wenn er nicht mehr sicher ist – auch ich. Angst ist etwas ganz Natürliches, etwas Notwendiges. Gäbe es sie nicht, so wären wohl nur mehr wenige Bergsteiger am Leben. Die Angst macht uns klar, wie weit wir gehen dürfen, sie ist eine Art Korrektiv, das uns sagt, bis hierher und nicht weiter. Sie ist die beste Lebensversicherung bei einer Bergtour. Nur durch innere Sicherheit kann die Angst reduziert, zuletzt ausgeschaltet werden.

Neben die Sicherheit, die jedem Kletterer erstes Gebot sein sollte, stelle ich die Schönheit der Bewegungen, die – um perfekt zu sein – eine hundertprozentige innere Sicherheit voraussetzt. Die Eleganz beim Klettern liegt nicht in der Schnelligkeit der Bewegungsabläufe, auch nicht in einer speziellen Haltung, Ausrüstung oder Bekleidung. Vielmehr in der Fähigkeit, alles so sorgfältig zu überlegen und zu prüfen, dass eine im Fluss der Besteigung ausgeführte Bewegung oder Handlung nicht wie Probieren wirkt, sondern präzise, achtsam, entschieden.

Ich weiß, dass es nicht leicht ist, sein Tun am Berg an Kriterien der Eleganz zu orientieren, nachdem es jahrzehntelang hauptsächlich von Leistung und Schwierigkeitsgraden bestimmt war. Und ich weiß, dass es noch schwieriger ist, diese Eleganz auch zu erreichen. Nur durch viele Jahre Erfahrung und Schulung kann sie gewonnen werden, wobei die Schwierigkeitsbewertung nur dazu dienen sollte, die den realen, eigenen Fähigkeiten entsprechende Tour auszuwählen.

Aber: Aufpassen, aufpassen und nochmals aufpassen! Auf jeden Tritt, auf den Himmel, der sich zuzieht, auf den Freund, auf den Rucksack und vor allem auf sich selbst. Dem Bergsteiger wird ein zusätzlicher siebter Sinn zurückgegeben, ein Sinn, der im Unterbewusstsein immer dabeisein muss. Ich sage »zurückgegeben« aus der Überzeugung heraus, dass ursprünglich jeder Mensch diesen Sinn besaß.

Achtsam, zu jeder Stunde, auf alles rundherum, auf den Weiterweg. Achtsam, wenn man einen Griff anfasst, wenn man einen Tritt belastet. Achtsam, wo man den Rastplatz wählt, während man fotografiert, wenn man kocht. Achtsam nach oben hin, nach unten – schon allein der Abgrund zwingt uns dazu.

Niemand klettert lange, wenn er nicht aufpasst. Und niemand ist lange achtsam ohne das geschärfte Bewusstsein für die Gefahren ringsum. Die Berge stecken voller Gefahren, die wir rechtzeitig erkennen und denen wir ausweichen wollen. Deshalb der zusätzliche Sinn.

Also nicht nur das Gehen, Klettern, Schauen ist wichtig beim Bergsteigen, sondern auch – wer hätte das nicht schon geahnt – das Aufpassen! Dieses Abwägen, Achtgeben, Prüfen, von dem das Leben des Bergsteigers abhängt, muss zum eigenen Sinn werden: Umsicht, Vorsicht, Voraussicht.

Aufpassen, einfach aufpassen, ohne Angst zu haben – es ist eine Aufmerksamkeit, die unser Tun auf die Umstände ausrichtet, in denen wir eine Gefahr vermuten. Diese Aufmerksamkeit auf Faktoren zu lenken, die unser Dasein bedrohen und alles Übrige außer Acht zu lassen, führt zur Konzentration auf das Wesentliche. Wir tun das nicht bewusst, es stellt sich von allein ein.

Wir wollen die Gefahr auch nicht aktiv suchen, müssen sie aber instinktiv erfassen, fühlen. Wir wissen nicht im Voraus, von woher die Gefahren kommen. Dem Bergsteiger ist klar, dass er nicht weiß, was ihn erwartet, und das ist einer der stärksten Reize bei seinem Tun. Will er diesem Antrieb aber nicht zum Opfer fallen, muss er diese besondere Aufmerksamkeit als zusätzlichen Sinn entwickeln – eine Aufmerksamkeit, die nicht darin besteht, in allem und überall eine potentielle Bedrohung zu sehen, sondern darin, nichts zu vermuten und Unaufmerksamkeit zu vermeiden.

Es ist diese eine allumfassende Achtsamkeit, die nicht auf eine einzige Stelle gerichtet ist, sondern versucht, immer und überall zu sein, den Berg ganzheitlich zu erfassen.

Der Bergsteiger muss wach sein, auch wenn er schläft. Dieses Wachsein ist ein Zustand, in dem auch verfolgtes Wild lebt und der diesem und dem Bergsteiger eine besondere Ausstrahlung verleiht. Der Bergsteiger, für den nichts Gefahr ist, aber alles Gefahr werden kann, sieht alles in seiner Funktion als Erleichterung oder Deckung. Darin liegt der Unterschied zum Wettkampf-sportler. Ein Marathonläufer zum Beispiel verfolgt direkt und geradlinig, wie mit Scheuklappen, sein Ziel und achtet nur darauf, was ihn dorthin bringt, während der Bergsteiger sich wachhält – mit weitem Fokus aufpasst, dass er nicht rutscht, abstürzt, nicht in eine Spalte fällt, nicht von Steinen getroffen wird –, während er seinem Ziel entgegensteigt.

Genug ist nie genug

Habt ihr noch immer nicht genug ...
Möbelmärkte zwischen Skabiosen
Nicht genug Skilifte ohne Schnee
Nachschubstraßen für Brot und Spiele?
Margarete Hannsmann

Klettern als eine Disziplin der Alpinistik zerfällt heute in Bouldern, Indoor-Klettern, Sportklettern, Freiklettern, Soloklettern, alpines oder Eisklettern. Kein Zweig des Bergsteigens hat sich so revolutionär verändert wie gerade extremes Klettern. Draußen ist es begrenzter Raum, der einer Illusion von Grenzenlosigkeit widerspricht. Doch überall dort, wo das Gleichgewicht in der Natur gestört wird, müssen Klettergebiete gesperrt werden – Ende der scheinbaren Grenzenlosigkeit. Es ist die »Überdosis«, die zum Ende des menschlichen Tuns am Ökosystem Fels führt. Wo keine Tabuzonen respektiert werden, kommt früher oder später das Aus für den Klettersport.

Das Angebot an bekletterbaren Felsen ist groß und doch zu klein, wenn sich die Akteure nicht in ihren Mitteln beschränken. Die Erschließungswut, der Absicherungswahn sind es, die aus einem Häufchen Kletterer ein Heer von Fun-Sportlern gemacht haben, die zerstören, was am natürlichen Fels von Wert wäre, um dann in Scharen zu suchen, was nicht mehr vorhanden ist: Ruhe, Ausgesetztsein, Ungewissheit zwischen Einstieg und Heimweg.

»Das Recht auf Freiheit, zu dem auch die Bewegungsfreiheit und damit das Recht auf Betreten der freien Landschaft zählt, ist im Grundgesetz festgeschrieben«, sagte der deutsche Schriftsteller und Kletterer Nicholas Mailänder richtig. »Es darf zwar durch ein anderes Gesetz eingeschränkt werden, aber nur, wenn aus der menschlichen Bewegung der Allgemeinheit besondere Lasten entstehen würden. Eine solche Last könnte auch die Schädigung der Natur durch das Ausleben unserer Freiheit in den Bergen und Felsen sein.«

Klettern in der Natur war immer ein Luxus, und nur wenn es nicht allen möglich gemacht wird, können jene Luxusgüter verteidigt werden, die ohne Gefahr und Mühe nie zu haben waren und auch nicht zu haben sein werden.

Alpinismus und Tourismusindustrie verfolgen gegenläufige Interessen. Wo die Welt der Touristen aufhört, beginnt die der Bergsteiger. Wenn wir alle Urlandschaft den touristischen Interessen opfern, bleibt für Alpinisten kein Raum mehr. Integrieren wir aber den Tourismus nicht in die Berglandschaft, wird die Kulturlandschaft zerstört. Eine Lösung scheint so schwierig zu sein wie die Quadratur des Kreises.

Es geht um das menschliche *und* das ökologische Maß. Die Nutzung der Bergwelt durch eine Millionenschar von Konsumenten muss dort aufhören, wo der Mensch auf Dauer nie gelebt hat und nicht leben kann: in den Hochgebirgsregionen, wo kein Getreide wächst, keine Rohstoffe zu holen sind. Die Werte dort – Raum, Ruhe, »Urnatur« – bleiben nur dann erhalten und wertvoll, wenn sie wenigen zugänglich bleiben: denen, die sich den Mühen und Gefahren aussetzen, hinaufzusteigen, wohin der Mensch nicht gehört.

Wie aber die Berglandschaft Stück für Stück verbaut, verbraucht, ausverkauft und zerstört zurückgelassen wird, kann überall besichtigt werden, wo Landschaft lediglich als Ressource für den Tourismus verstanden wird.

Wenn die Bergwelt nur noch Vergnügungsparkcharakter hat, wird sie zum Rummelplatz mit überfüllten Parkplätzen, kilometerlangen Staus, Lärm, Hektik und Aggression: Aktionismus zwischen Himmel, Kletterwand und Schluchtgrund. Luftverschmutzung und Lärmbelästigung sind dort oft höher als in den Ballungszentren, aus denen all die Erholungssuchenden in die Gebirge drängen. Das ehemalige Hindernis Berg ist rasch ins Gegenteil umwandelbar.

Es wird nicht die Öko-Elite sein, die die Berge rettet, sondern der Konsumverweigerer aus Bescheidenheit, der sich begnügt mit einem einfachen Lager auf der Hütte, mit Brot und Käse beim Bergbauern und der sonst auf seinen zwei Beinen unterwegs ist. Die »Öko-Schickeria« – mit den Fahrrädern auf dem Dachgepäckträger in die Alpen, mit der Seilbahn zum Gipfel, mit dem Heli unterwegs ins Everest-Basislager und abends ins Casino in Kathmandu – löst keine Probleme, sie schafft welche. Der diffizile Spreizschritt zwischen einer Berglandwirtschaft, die erhalten bleibt und einer Urlandschaft, die nicht überrannt wird, liegt ausschließlich in unserer Verantwortung.

Wir brauchen keine weiteren Gletscher-Ski-gebiete, keine künstlichen Seen, keine inszenierten Almen, um die Bergbauern oben zu halten. Und Kletterhallen gehören in die Nähe der Städte, so-lange wir es uns leisten können und die Energie-ressourcen reichen. Im Gebirge, zwischen Talsohle und Hochalm, braucht es »Touristen«, die be-kommen und bezahlen, was der Landwirt pro-duziert, damit dieser bleiben kann, wo er seit Generationen lebt.

Ökobauern, die sich in Marktnischen behaup-ten, Dorfgemeinschaften, die das Obenbleiben gemeinsam versuchen – durch die Verzahnung von Tourismus und Landwirtschaft –, sind die wahren »Helden« der Berge. Die vielen Knödel- und Polentafeste, bei denen es um nichts anderes geht als um den Eintrag ins *Guinnessbuch der Rekorde,* sind so lächerlich wie viermal am Tag aufs Matterhorn oder 15 000 Höhenmeter am Hundskogel in 15 Stunden.

Wo sind die von jungen Kletterern wiederbelebten Berghöfe im Trentino, in den südlichen Dolomiten, in den ligurischen und französischen Alpen, wo gearbeitet, gestaltet, geklettert werden könnte – alles vor der Haustür, fast das ganze Jahr über und ganz nebenbei zur Rettung der Alpen beitragend? Ich habe nichts gegen die künstliche Kletterwand in der Halle, die 365 Tage im Jahr offen steht – temperaturgeregelt, trocken, geputzt –, die Probleme der Alpen aber löst sie nicht.

Entschleunigung, Intensität, Gegenwart, Hinausgehen im Hier und Jetzt wären Optionen für ein nachhaltiges Zeit-Weg-Diagramm »Zurück in die Berge«. Nicht Aktionismus, Beschleunigung, Stress, Speed. Doch wer verbringt heute schon drei Wochen Urlaub in einem abgelegenen Gebirgstal? Alle fliehen, was von Dauer ist, die allermeisten meiden, was Mühe kostet. Viele hetzen nur von Kick zu Kick.

Heute bin ich mehr Bergbauer als Bergsteiger, verantworte kleine Landwirtschaftsbetriebe mit, die wie so viele andere von Überlebensproblemen geplagt waren. Um Kosten und Energie zu sparen, sanierte ich alte, gewachsene Strukturen. Auch Burg Juval, als Halbruine erworben, wurde von mir saniert und als Kulturgut der Öffentlichkeit zugänglich gemacht.

Juval ist kein austauschbares Freizeitangebot, sondern ein Versuch, einen steilen Hügel in Südtirol in umwelt- und sozialverträglicher Form umzugestalten, sodass er längerfristig auch ökonomisch überleben kann. Der Yakhof in Sulden soll eine Familie ernähren. Ökologie ist für mich keine Zauberformel gegen ein Weltbild im Niedergang.

Sie hängt mit Hinterfragen, Umdenken, Umorganisieren und Neuordnen zusammen. Um nachdenken zu können, gehe ich in die Berge vor meiner Haustür. Im Gebirge treffe ich wichtige Entscheidungen fürs Leben. Überlaufene Gebiete habe ich immer gemieden, und es wird immer leichter, sie zu meiden und auch weiterhin werde ich ohne Ballast auskommen und nur dorthin gehen, wo es keine Verbote gibt. Als Pragmatiker bemühe ich mich um reale Veränderung, Patentrezepte habe auch ich nicht. Jedes meiner Projekte bleibt Idee und Versuch, so lange es nicht realisiert ist.

Meine Werte-Charta für die Berge

Die gefährlichste aller Weltanschauungen ist die der
Leute, welche die Welt nie angeschaut haben.
Alexander Freiherr von Humboldt

Die Bergregionen Europas sind Höhenlagen über
500 Meter: Alpen, Apennin, Pyrenäen, Sierra
Nevada, Karpaten sowie britische, französische,
italienische, belgische, deutsche, schweizerische,
österreichische, tschechische, slowakische, spani-
sche, portugiesische Mittelgebirge, skandinavische
Gebirge, dinarisches Gebirge, griechische und
bulgarische Gebirge. Neben Klima, geografischer
Vielfalt und Erholungswert haben sie auch ähnliche sozialökonomische Strukturen, die sie zu
einem verbindenden Element innerhalb der Europäischen Union machen.

Ihre Bedeutung für die jetzige oder erweiterte
EU liegt nicht nur in gemeinsamen Problemen,
sondern auch in den mit ihnen verbundenen
Werten: Wasserspeicher und Wasserkraft, Ökosystem und Artenvielfalt, Ruhezone und Erholungsraum, Stille und Raum der Phantasie, kulturelle Identität und Vielfalt, landwirtschaftliche
Ressourcen (traditionelle Haustierrassen und
Nutzpflanzensorten).

Diese Berggebiete machen ein Drittel der EU-Gesamtfläche aus und die Herausforderungen vor Ort sowie die entsprechenden Lösungen gleichen sich. Nur mit einem länderübergreifenden Konzept, das dem Anspruch auf Nachhaltigkeit und Arbeitsplatzsicherung gerecht wird, können jene Werte verteidigt werden, die der lokalen Bevölkerung ein Auskommen und den Städtern obendrein eine Erholungsmöglichkeit dort garantieren. Es geht dabei immer auch um den Erhalt der Berggebiete als Lebensraum.

Meine »Werte-Charta für die Berge« soll Anregung sein, Rahmenbedingungen zu schaffen, die allen Berggebieten zu ihrer wahren Bedeutung verhelfen.

1. Berggebiete sind überall als Summe von kleinräumiger Kulturlandschaft – jahrtausendelang von Menschenhand gestaltet und gepflegt – und von erhabener Hochgebirgslandschaft definiert. Diese Summe ist ein einmaliger, nicht teilbarer Wert.
2. Gepflegte Kulturlandschaft in den Berggebieten kommt allen zugute. Geht es doch um Landschafts- und Gewässerschutz, Erholungsraum sowie Produktion gesunder und hochwertiger Nahrungsmittel. Gebirge sind zudem die grüne Lunge aller nahe gelegenen Ballungszentren.
3. Die zur Pflege der Kulturlandschaft notwendige, unverzichtbare Bearbeitung setzt eine

autarke, verantwortungsvolle Bevölkerung mit der Möglichkeit zur lokalen, eigenverantwortlich-autonomen Gestaltung ihres Lebensraumes voraus. Nur wenn sich ihr Wirtschaften trägt, bleibt sie am Berg.

4. Die Hochgebirgsregionen hingegen – die Zonen über der Waldgrenze, die erst seit der modernen Erschließung für den Tourismus genutzt werden – beinhalten Werte wie Weite, unverbaute Landschaft, Stille und Erhabenheit. Auch Gefahr, die dazugehört und nicht wegrationalisiert und ausgemerzt werden soll.

5. Diese Naturlandschaft, einst als Ödland und vordergründig als unnütz betrachtet, und ihre Werte gilt es zu schützen. Nicht nur weil in der Welt ein immer größerer Mangel daran herrscht. Die Hochgebirgswelt als Erfahrungsraum muss unverändert bleiben, denn durch weitere Erschließung und zusätzliche Infrastrukturen wäre sie unabdingbar verloren. Ein Erschließungsstopp in den Hochgebirgsregionen ist also Pflicht. Bestehende Verbauung bleibt, da oft viele Arbeitsplätze daran hängen.

6. Ein weiteres Vordringen in die Hochgebirgsregionen darf weder mit Infrastrukturen – Seilbahnen aller Art, Straßen - noch mit anderer moderner Technik erleichtert werden. Wer in Eigenverantwortung und ohne bleibende Spuren zu hinterlassen ins Hochgebirge geht, lernt rasch, diese »Urnatur« als Wert zu

respektieren und diesen Gefahrenraum für alle weiteren Generationen zu verteidigen. Naturschutz wird hier zur Voraussetzung einer erträglichen Nutzung, weil das Hochgebirge selbst den Menschen ausgrenzt.

7. Nur eine dezentrale Besiedelung und eine dezentral nachhaltige Nutzung der Berggebiete unterhalb der Waldgrenze sichern die Wegbarkeit dieser Räume, die Grundlage für das Bleiben, mögliche Erholung und zugleich Naturerfahrung sind. Damit der Bergbevölkerung im Gegenzug eine höhere Lebensqualität erhalten bleibt, sind Transitstrecken so zu gestalten, dass Lärm- und Umweltbelastungen aller Art minimal bleiben.

8. Ich persönlich sehe in der Verzahnung von lokaler Lebensart, gepflegter Kulturlandschaft und einer von Infrastrukturen freien Naturlandschaft den Schlüssel zum Schutz der Berggebiete. Nur so sind diese auch touristisch langfristig nutzbar. Gemeinsam sind Berglandwirtschaft und Tourismus der Schlüssel zur nachhaltigen Entwicklung im Gebirge. Vor Ort gilt es, in Nachbarschaftshilfe zusammenzustehen, darüber hinaus soll großräumige Zusammenarbeit der Berggebiete gefördert und größtmögliche Selbstverwaltung eingefordert werden.

9. Nur regionales Kulturgut, intakte Kulturlandschaft und die jeweils unverwechselbare, ein-

malige Gebirgslandschaft darüber garantieren Nachhaltigkeit sowie das Selbstverständnis der Bergbevölkerung, die sich so mit ihrem Umfeld identifizieren kann.

10. Bergregionen und Ballungszentren brauchen einander. Erstere sind mithilfe der Ballungszentren in jenem Gleichgewicht zu halten, das das Tiefland vor Katastrophen schützt und den Gebirgsbewohnern ein Auskommen sichert. Eine räumlich ausgewogene Siedlungs- und Wirtschaftsstruktur erfordert von der Politik die Berücksichtigung – nicht Vernachlässigung – der Peripherie. Es wäre negativ, wenn Berggebiete sich (weiter) entvölkerten und die Stadtregionen weiter stark anwüchsen. Also sind Maßnahmen zu ergreifen, um eine solche Entwicklung zu verhindern.

Die meisten Berggebiete außerhalb Europas liegen weiter entfernt von Ballungsräumen und haben, aufgrund ihrer Lage und der sozioökonomischen Verhältnisse der lokalen Bergbevölkerung, andere Probleme. Die Lösungsansätze für eine nachhaltige Entwicklung dort sollten nicht von europäischen Modellen übernommen werden. Es gilt, für jedes Berggebiet individuelle Strategien zu dessen Nutzung und Schutz zu entwickeln.

Berge besteigen, obwohl es absurd ist – ein Gespräch

Trenne dich nie von deinen Illusionen und Träumen. Wenn sie verschwunden sind, wirst du weiter existieren, aber aufgehört haben zu leben.
Mark Twain

Sie brauchen keine Smartphone-App für Kletterrouten?

Nein, für mich der Beginn vom Ruin traditionellen Bergsteigens. Es finden ja auch schon regelmäßig Massenaufstiege am Mount Everest statt. Dabei geht es nicht mehr um die Besteigung des höchsten Berges der Welt, sondern vor allem um Konsum und die Kommunikation nach außen. Die Leute nehmen ihre Smartphones mit auf den Gipfel, von dort telefonieren sie oder posten Selfies. Geht heute alles. Der Berg wird vorher von unten bis oben präpariert, zu Hunderten geht es in Gänsemarschkolonnen hinauf, dann tut man vor der Welt so, als stünde man oben allein. Oder man tappt, aufs Smartphone starrend, vielleicht noch durch Ohrstöpsel musikalisch beschallt, den Berg hinauf, blickt aufs Display mit der Route, auf dem dann gepostete Fotos von anderen Wanderern erscheinen. Die Menschheit wird am Überfluss an – vor allem marginalen – Informationen ersticken. Für mich selbst habe ich dazu ein ABCD erstellt.

ABCD?

Es gilt allerdings nur für mich. A steht für »no **A**rtificial oxygen«, also kein Flaschensauerstoff. B für »no **B**olts«, keine Bohrhaken. Und C meint »no **C**ommunication«. D für »no **D**rugs«. Das sind meine Regeln beim Bergsteigen.

Nehmen Sie ein Handy mit, wenn Sie zur Entspannung wandern?

Nein. Und wenn ich auf Expedition gehe, erst recht nicht. Das Abenteuer besteht ja darin, dass wir uns von der Zivilisation absetzen, in ein Gebiet ohne Infrastruktur begeben. Ohne sich durchschlagen zu müssen, gibt es kein Abenteuer. Smartphones, Apps und GoPro-Kameras sind eine Facette der galoppierenden Eventisierung von Natur und Bergwelt. Inzwischen kommt es bereits zu Rangeleien zwischen Wanderern und Mountainbikern, teils mit Selbstjustiz. Die Zahl der Biker in den Bergen hat zugenommen, zuletzt extrem. Da sehe ich Leute ihre Räder den Berg hochtragen, auf Wegen, die nicht befahrbar sind. Irre! Wanderwege und Bikewege sollten künftig getrennt ausgewiesen werden. Noch irrwitziger: Zwei Leute in Wingsuits, die von einem Viertausender springen und in die offene Seitentür eines Flugzeugs fliegen. Das ist Flugakrobatik, nicht Alpinismus.

Sie waren Bergsteiger, haben Eis- und Sandwüsten durchquert, »but still you have to roll up that stone«. Ist es Ihr Lebensmantra?

Ja, unser Leben ist in der Gewissheit des Todes doch absurd. Und alles, was wir mit Begeisterung tun, ist vor diesem Hintergrund glückliches Tun.

Der Philosoph Camus schreibt: »Wir müssen uns Sisyphos als einen glücklichen Menschen vorstellen.« Sind Sie im Camus'schen Sinne glücklich?

Mir gefällt diese Aussage. Das meine ich jetzt nicht nur aufs Bergsteigen bezogen, sondern auf das Leben an sich. Sisyphos hatte immerhin etwas zu tun! Der Existentialist Camus liebte das Absurde. Und wenn ich nicht erkenne, dass das Leben angesichts des Todes absurd ist, kann ich es nicht intensiv leben.

Haben Sie heute Entzugserscheinungen?

Nein, ich bin ausgefüllt und zufrieden mit dem, was ich heute noch machen kann: schreiben, Filme machen, leichte Klettertouren.

Man wird nicht süchtig nach diesem Gefühl, wiedergeboren zu sein?

Nein, wenn jemand sagt, er sei »bergsüchtig«, ist das nur Propaganda. Niemand wird bergsüchtig im Sinne einer Krankheit. In Extremsituationen, beim Klettern, stoßen wir körpereigene Opiate aus – etwas völlig anderes als künstliche Opiate, nach denen man tatsächlich süchtig wird, die man dann immer wieder haben muss. Nachdem ich mit dem Extrembergsteigen aufhörte, habe ich mich und mein Leben wiederholt neu erfunden. Ich bin im Leben sechs Mal umgestiegen, immer rechtzeitig bis jetzt.

Geht es so einfach, wie es sich in Ihrem Lebenslauf liest?

Ja, ich habe mir schon während der letzten Achttausender Gedanken darüber gemacht, wie ich die Zeit danach ausfülle. Es folgten zehn Jahre als Grenzgänger in Polargebieten und ich durchquerte Wüsten. Es waren ähnliche Erfahrungen wie beim Höhenbergsteigen, und doch war es anders, ganz anders. Ich brauchte in der Antarktis mehr Ausdauer. Andererseits ist ein Marschtag in Grönland nicht so anstrengend wie der Gipfeltag an einem Achttausender. Vor dreißig Jahren fing ich an, Ideen zu meinen inzwischen sechs Messner Mountain Museen zu entwickeln. Unter rein wirtschaftlichen Gesichtspunkten war dies mein weitaus schwierigstes Projekt und kostete mich mehr, als alle meine Expeditionen zusammengenommen. Doch es hat funktioniert. Inzwischen übergab ich die Leitung meiner Tochter und gründete ein neues Unternehmen, möchte selbst Filme produzieren, Regie führen. Mein Tun ist nichts anderes als gelingendes Leben. Ich lebe ja vom Umsetzen von Ideen, im Hier und Jetzt und in Serie. Es ist Glück für mich. Glücklich wird man nicht, wir erleben Glück vor allem dann, wenn wir nicht mehr danach fragen oder suchen, weil wir mit unserem Tun, mit unserer Begeisterung völlig darin aufgehen. Wer ausgefüllt ist bei der Identifikation mit seinem Tun, braucht sonst nichts mehr. Allerdings merken wir erst hinterher, dass wir glücklich waren. So jedenfalls geht es mir.

Von 1999 bis 2004 waren Sie Abgeordneter im Europaparlament in Brüssel und Straßburg. Derzeit ist die EU in der Krise, EU-kritische Parteien sind im Aufwind. Folgt dieser Krise der EU eine Krise der Demokratie?

Die Parteiendemokratie scheint abgewirtschaftet. Sie funktioniert nicht mehr. Es fehlt an ausgewiesenen Europapolitikern, die fähig sind, eine Zukunftsvision für Europa zu entwickeln, mit denen sich alle Europäer identifizieren können. Es scheint immer weniger zu gelingen, denjenigen, die Europa abschaffen wollen, Paroli zu bieten. Wir brauchen

Politiker, die Europa in die Zukunft erzählen. Aber Populisten sind auf dem Vormarsch! Auch dank dem Netz. Es fehlt eine Gesamtvision für Europa, und die Parteiendemokratie, wie wir sie kannten, ist gerade dabei, sich zu verflüchtigen: Die Basisdemokratie nimmt der Stellvertreterdemokratie ihre Verantwortung und Macht.

In Hochseilgärten und beim Bungeespringen testen Leute ihre Grenzen aus. Ein Bedürfnis auch für Sie?

Nein, beides ist kein Austesten von Grenzen, es ist Suche nach Nervenkitzel in Sicherheit, Kinderspiel also. Es ist schon gut so. Sollen diese Stadtmenschen in eine große 1000-Meter-Wand einsteigen? Es wäre viel zu gefährlich! Das wahre Abenteuer aber findet dort statt, wo keine Infrastruktur ist. Also kein Bungeeseil, kein Hochseilgarten, nichts. Dort, wo der Mensch sich freiwillig in den Gefahrenraum begibt, ist Absurdistan, ein archaischer Raum. Wir traditionellen Bergsteiger gehen absichtlich in die Wildnis – gefährlich, schwierig, archaisch – und leben für kurze Zeit nach anarchischen Mustern. Es gibt dort keine Richter, Gesetze haben dort nichts zu sagen.

Anarchische Verhaltensmuster?

Anarchie heißt doch, keine Macht für niemand. In einer Bergsteigergruppe hat niemand Macht.

Aber in jeder Gruppe und wenn alle das gleiche Ziel verfolgen, kristallisiert sich immer einer heraus, der – vielleicht aufgrund größerer Kompetenz – die Richtung vorgibt?

Natürlich wird auch dann, wenn wir am Berg nur zu fünft agieren, Leadership vergeben. Diese Vergabe erfolgt instinktiv. Meist übernimmt der Geschickteste, der psychophysisch Stärkste die Führung. Die anderen schieben sie ihm zu: Er bekommt von ihnen auch Kraft und Energie. Damit alle überleben.

Was hat Sie veranlasst, immer weiterzumachen?

Wir Bergsteiger oder Grenzgänger – ich bezeichne mich lieber als Grenzgänger – unterliegen einem ganz bestimmten Krankheitsbild. Dem des romantischen Menschen, der dort, wo er ist, nur kurze Zeit glücklich sein kann. Er kehrt immer wieder dorthin zurück, wo die Quelle seines Glücks liegt. Aber die Quelle des Glücks ist dort oben versiegt, weil das Glück erst danach kommt. Wir steigen auf Berge hinauf, um zurückzukommen. Der aufregende Moment ist das Zurückkommen zu den Menschen.

Wenn ich also in einer menschenfeindlichen Welt war – wo es zu wenig Sauerstoff gibt, wo ich großer Kälte, dem Verlorensein und Angstsituationen ausgesetzt war und dem Gedanken »Vielleicht komme ich nicht wieder hinunter« –, ist das Zurückkommen wie eine Wiedergeburt.

Sie benötigen dieses Gefühl des Ausgeliefertseins immer wieder?

Nur über den Umweg des Ausgeliefertseins, des Verlorenseins, erlebe ich die glückliche Rückkehr. Klar könnte jeder intelligente Mensch sagen: »Bleib doch gleich unten, wenn dort das Glück ist.« Grenzgang bedeutet, an der Grenze zwischen möglich und unmöglich unterwegs zu sein. Ein Schritt weiter und ich könnte tot sein; bei einem Schritt zu wenig wäre ich aber nicht voll gefordert. Erst an meiner Grenze erlebe ich Hoffnungslosigkeit, vielleicht auch Hilflosigkeit und Angst. Angst fühlen wir erst, wenn wir an die Grenze gehen. Beim Zurückkommen tut sich immer etwas. Es ist primär nicht wichtig, den Gipfel zu erreichen, der Gipfel ist im Grunde nur Umkehrpunkt. Wichtiger ist, in dieser ausgesetzten Welt zu überleben und heil zurückzukommen. Dabei mache ich meine Erfahrungen. Wenn ich da draußen aber die gleichen Sicherungsnetze lege wie daheim, brauche ich erst gar nicht hinauszugehen.

Solange ein Ziel nicht erreicht ist, ist es viel wert. Ein erreichtes Ziel weniger. Ist es nicht generell so? Alles, was wir haben – ob wir nun einen Gipfel erreicht haben oder Geld, Besitz, Wissen –, wird langweilig, wenn wir es einmal haben.

Spannend bleibt es nur, solange wir versuchen, ein Ziel zu erreichen.

Dafür braucht man auch Mut.

Wir Menschen sind ängstliche Wesen. Zum Glück, sonst hätten wir als Homines nicht überlebt. Mut nun ist die Kehrseite der Angst. Wir Menschen haben alle Angst, und nur weil wir Angst haben, benötigen wir auch Mut, sonst bräuchte es ja keinen. Die Kunst ist, beides einigermaßen ins Gleichgewicht zu bringen.

Ich muss Ängste aber, wenn sie mächtig werden, im Vorfeld kontrollieren: durch Training, Können, Studium der Vorläufer und bessere Vorbereitung. Die Ängste so abbauen! Am Ende dieses Prozesses – wenn ich weiß, ich habe alles im Griff – brauche ich nur die Gabe, es zu wagen, die Entscheidung zu treffen, aufzubrechen.

Die letzte Angst schwindet mit dem Tun. Ängste sind meistens, nein, fast immer, Ängste vor der Angst. Wenn ich dann handle, also losgehe, wenn ich draußen bin, schrumpfen die Ängste. Wenn ich warte oder zögere, nehmen sie zu.

Sie haben sich bei Ihren Abenteuern in Lebensgefahr gebracht. Hatten Sie keine Angst?

Bürgerliche Ängste sind mir fremd. Vor großen Abenteuern hatte ich durchaus Furcht. Trotzdem, die Vorstellung, dass ich blindlings in die Gefahr laufe, ist völlig falsch. Ich bin vorsichtig, hätte trotzdem umkommen können, konnte es aber vermeiden. Das ist meine Kunst. Menschen, die sich für unsterblich halten, bleiben es am Berg nicht lange.

Und die Angst vor extremen Situationen?

In vorhergehender Untätigkeit sind Ängste stark. Sie kommen nachts, wenn ich die erste Schlafphase hinter mir habe. Wenn ich weiß, in einem Monat, in zwei, drei Wochen geht es los. Sie können so schlimm sein, dass sie mich zurückhalten. Obwohl ich weiß, dass ich daheim in meinem Bett keine Angst haben muss. Vor was denn? Ich bin dabei nicht ausgesetzt, friere nicht, es kann mir nichts passieren. Dabei aber wird klar, dass die Angst im Grunde nicht die Angst vor Lawinen, vor Kälte oder dem Tod ist, sondern einfach nur die Angst vor der Angst.

Das bedeutet konkret?

Konkret habe ich Angst vor dem Sterben. Ich weiß natürlich, dass ich sterben könnte – weil ich mich verirre, abstürze oder eine Lawine mich verschüttet. Ich kann das abstellen, indem ich weiter trainiere, kontrolliere. Ich versuche mir klarzumachen, dass es noch keinen Grund gibt,

Angst zu haben. Und wenn ich draußen bin, zu Beginn vielleicht, wenn ich unter dieser Wand stehe und sehe, wie groß und wie schwierig sie ist, kommt vielleicht nochmals ein Angstschub. Dieser ist meist schnell vorüber. Wenn wir aktiv sind, sind wir nicht ängstlich. Außer es passiert Unerwartetes. Dann gibt es eine Art Schrecksekunde und wir reagieren instinktiv, animalisch. Ängste tauchen meist im Vorfeld auf. Was die meisten Leute sich vorstellen – dass wir den Berg raufkrabbeln und ununterbrochen Angst haben, abzustürzen –, ist falsch. Wenn es so wäre, wir stünden am Berg wie die Maus vor der Schlange, wie gelähmt.

Ist der Instinkt ein wichtiger Begleiter des Alpinisten?

Alle drei sind wichtig: Instinkt, Gefühl, Ratio. Ich bin überzeugt, dass die Gefühlsebene vor der rationalen kommt. Aber ich kann immer nur von einer ganz speziellen Situation sprechen. Ich will nicht verallgemeinern.

Was bedeutet Ihnen Instinkt?

Während des Unterwegsseins ist der Instinkt wichtiger als der Intellekt. Mit fünf Jahren stieg ich erstmals auf einen großen Berg. Wir Kinder verbrachten dann die Sommermonate auf einer Alm: im Haus kein Wasser, kein Strom, kein Telefon.

Wasser war an einer Quelle zu fassen, zehn Minuten Fußmarsch bis dorthin. Die Milch mussten wir beim Nachbarbauern holen, Beeren konnten wir pflücken, Pilze sammeln. Holz zum Heizen und Kochen wurde aus dem Wald geholt. Immer wieder zogen wir los, um Tiere zu beobachten, Gämse oder Adler. Dabei haben wir Brüder uns gegenseitig positioniert, erprobt. Alle gingen wir zum Klettern. So tasteten wir uns langsam in diese Welt hinein, so wuchsen uns Instinkte zu. Wir schauten eine Felswand an und konnten aus der Ferne sagen, wo der Fels brüchig ist und wo nicht.

Instinkte sind von Erfahrungen gespeist?

Natürlich – und heute kann ich viele Zusammenhänge auch erklären. Das Maßnehmen am Berg, einen Berg anschauen und wissen, in einer halben Stunde bin ich oben, hat wenig mit Ratio zu tun! Inzwischen ist mir viel davon abhandengekommen, ich war zu lange Zeit nicht mehr dort. Auch Routenfindung gilt es konkret zu erarbeiten. Ich kann abgleichen: in dieser Luft und bei diesem Licht ist eine bestimmte Wegstrecke bei dieser Steilheit etwa so schwierig. Instinktiv bedeutet auch, dass ich vieles aus dem Bauch heraus entscheide. Der Intellekt ist dabei nur eine Art Korrektiv.

Sie sind für genaue Planung und Vorbereitung bekannt …

Im Vorfeld meiner Reisen darf es keine Frage mehr geben, auf die ich keine Antwort habe. Trotzdem kann ein Sturm mal mit 150 Stundenkilometern blasen, dann wird es kritisch, da fliegt man mit dem Zelt einfach davon. Vieles läuft nicht wie erwartet.

Sie haben solche Situationen erlebt?

Ja, am Kanchenjunga. Um fünf Uhr früh hat der Sturm das Zelt zerrissen. Unsere Sachen flogen, schwebten. Und wenn deine Schuhe wegfliegen, kommst du nicht mehr vom Berg runter.

Sie haben Ihre Schuhe aber rechtzeitig gerettet?

Ja, sonst wäre ich heute nicht hier.

Gehört die Lebensgefahr nach Ihrer Definition zum Abenteuer dazu?

Ja, ein Abenteuer ist schwierig, es ist gefährlich und man selbst ist exponiert, also weit weg von jeder Sicherheit.

Die Vorbereitung muss also hundertprozentig sein?

Wenn meine innere Sicherheit hundertprozentig ist, brauche ich keine Sicherung. Sicherheit ist eine subjektive Geschichte, die Sicherung hingegen ist eine Korrektur von außen. Es wird heute bei großen Touren alles abgesichert, sodass man nicht umkommen kann. Dabei ist die Exposition minimiert. Meine Vorstellung von traditionellem Alpinismus aber bedeutet: dort hinzugehen, wo man nicht hingehört.

Das ist doch ein Spiel mit dem Leben! Verzichten Sie deshalb bewusst auf Sauerstoff oder andere Hilfsmittel?

Zum Alpinismus gehört für mich der Verzicht. Die Phase des Bergsteigens, die sich allerdings nicht durchsetzte, nenne ich Verzichts-Alpinismus. Vor fünfzig Jahren verzichteten wir auf Bohrhaken, auf Sauerstoffgeräte. Heute herrscht eine andere Entwicklung vor: Konsum-Bergsteigen. Wenn wir alle technischen Tricks einsetzen, um einen Gipfel zu erreichen, können Sie morgen in einen Hubschrauber steigen und auf den Nanga Parbat fliegen. Ist das noch Bergsteigen? Es gibt bei unserem Tun keine Regeln, aber es gibt Haltungen. Der Pisten-Alpinismus hat zurzeit die Oberhand.

Welches war die größte Gefahr während Ihrer Abenteuer?

Das war eindeutig die Tragödie beim Abstieg mit meinem Bruder Günther vom Nanga Parbat. Die Geschichte ist – aus welchen Gründen auch immer –, aus dem Ruder gelaufen. Wir waren tagelang im Sterbemodus. Beide waren wir uns sicher: Wir kommen nicht mehr lebend raus.

Hatten Sie damals Todesangst?

Nein, solange Hoffnung da ist, funktioniert unser Körper. Und der Geist tut alles, um das Leben zu retten. Sogar die Ängste werden weniger. Wenn es dann zum Sterben kommt – in der Übergangszeit zwischen Leben und Tod –, lässt man sich in den Tod fallen. Man ist zuletzt einverstanden damit. Wenn es keine Erlösung mehr gibt.

Was haben Ihnen Ihre Abenteuer gegeben?

Ich hatte meine Motivation und alle, die heute auf Abenteuer aus sind, haben auch ihre Gründe dafür. Alle Beweggründe sind gleich wertvoll, alles gilt. Aus welchen Gründen jemand auf einen Berg steigt, ist allein seine/ihre Sache. Ausrede brauche ich allerdings keine! Wenn Leute auf den Kilimandscharo steigen, um dort oben Herzkranke zu retten, antworte ich: »Werdet Arzt und lernt heilen!«

Welches war Ihre Motivation?

Leidenschaft für die wilde Natur, von Kind an. Später wollte ich das Spiel weitertreiben. Ich lebte emotional davon, das, was die Generation vor mir für unmöglich erklärt hat, möglich zu machen.

Sie sind jetzt 75 Jahre alt. Steigen Sie noch auf Berge?

Ja, aber nicht mehr auf so steile und so hohe wie einst. Als Nächstes fahre ich nach Patagonien, nach Nepal, gehe bis ins Basislager des Manaslu, vielleicht reicht es noch für einen Sechstausender.

Träumen Sie jetzt im Alter noch von den großen Abenteuern?

Nein, jetzt träume ich davon, wie wir es schaffen können, in Patagonien, in Nepal oder in den Dolomiten Bilder in die Kamera zu bannen, die ich als Regisseur brauche, um Geschichten zu erzählen.

Heute filmen Sie. Haben Sie sich früher als Abenteurer verstanden?

Ich war in meiner Vorstellung schon mit sechzehn ein Abenteurer, später verwarf ich die Bezeichnung aber wieder, weil inzwischen schon jede Gruppenreise zum Abenteuer hochstilisiert wurde. »Abenteuer« werden nun im Reisebüro verkauft. Aber wahre Abenteuer sind weder organisierbar noch zu verkaufen.

Ich habe vor Kurzem einen rundum abgesicherten Klettersteig absolviert. Und für mich war das ein riesiges Abenteuer.

Völlig richtig und legitim. Gerade wenn Sie wenig Erfahrung haben, erleben Sie das so. Ein Abenteuer kann man auf einer ganz einfachen Kletterroute erleben, am Mount Everest oder in einer schwierigen Wand. Abenteuer sind subjektiv zu werten, »all-inclusive« aus dem Reisebüro ist etwas anderes.

Wären Sie heutzutage ein junger Bergsteiger, was würde Sie reizen?

Ich weiß ein paar Wände, die an der Grenze des heute Machbaren sind. Die Masherbrumwand im Karakorum zum Beispiel: hoch, steil, gefährlich. Zweimal wurde versucht, sie zu bezwingen – es ist nicht gelungen. Für die Besten bedeutet »unmöglich«, dass sie viele Fragen zu lösen haben und trotzdem ein großes Risiko eingehen müssen.

Sind Abenteuer das Risiko wert?

Das gehört zu den großen Fragen. Unser Tun als Bergsteiger war und ist unseren Angehörigen gegenüber nicht zu verantworten. Doch kann man es mir nicht verbieten, wir entscheiden schließlich alle selbst über unser Leben. Trotzdem, ich bin nicht allein auf der Welt. Es gab und gibt auch in meinem Leben Eltern, Frau, Kinder – ich habe es trotzdem getan.

Weshalb?

Weil es mein Leben war. Ich habe anders gelebt als viele andere. Man verurteilte und beschimpfte mich dafür, es war auch berechtigte Kritik darunter. Wenn heute jemand kommt und sagt: »Ist dir eigentlich bewusst, was du deinen Angehörigen angetan hast?«, sage ich: »Hoffentlich!«. Trotzdem, ich hatte das Recht, mein Leben selbst zu gestalten.

Was ist Ihre wichtigste Botschaft?

Ich habe keine Botschaft, bin kein Religionsstifter. Ich erzähle Geschichten: Was bedeuten Berge für uns, wie hat sich der Alpinismus entwickelt. Mich interessiert nicht die rein historische Sicht, es geht mir vor allem um Emotion, die vierte Dimension, um das, was Menschen den Bergen während der letzten 250 Jahre an Emotionen gegeben haben. Man darf seine eigene Vision in den Berg hineinlegen – wie steige ich hoch, wo steige ich hoch? Das, was über Berge erzählt wird, ist ebenso wichtig wie die Berge selbst: Dieses Narrativ ist heute mein Anliegen.

Warum reizt ein Kind ein Dreitausender?

Knapp nach dem Zweiten Weltkrieg – in einem engen Tal in den Dolomiten aufwachsend, kein Schwimmbad, kein Fußballplatz – sind wir an den Geislerspitzen herumgeklettert und an hausgroßen Felsen. Mit fünf nahmen mich die Eltern auf den Sass Rigais mit, einen Kletterberg. Damit eröffnete sich für mich die Möglichkeit, über dieses Tal hinauszuschauen. Es hatte auch mit Neugierde zu tun: Was ist hinter den Bergen? Unten im Tal kann man nur einen kleinen Himmelsausschnitt sehen – man hat wenig Sicht, alles ist eng, auch die Moral, mittelalterlich. Mit dem Bergsteigen kam die Idee oder Notwendigkeit, hinauszugehen – hinauszuklettern aus dieser Enge.

Sie wurden also Bergsteiger?

Ja. Mit fünfzehn Jahren begann ich, schwierig zu klettern und wie alle jungen Leute versuchte ich, das, was die Alten für unmöglich hielten, möglich zu machen. Ich war vor allem Felskletterer, gewann die Erkenntnis, dass ein Tun, wenn es mit Vehemenz und Begeisterung betrieben wird, zu einer gewissen Vollkommenheit reift. Nicht zur absoluten – dahin kommen wir alle nicht –, aber zu einem gelingenden Tun. Mit 25, nachdem ich mir Zehen abgefroren hatte und nicht mehr so gut klettern konnte, sattelte ich um aufs Höhenbergsteigen. Nach der Besteigung aller vierzehn Achttausender, der Seven Summits und vieler anderer Berge, wechselte ich zum Abenteuer in der Horizontalen – Wüste, Antarktis und Arktis –, danach kam Forschungsarbeit, die Politik. Anschließend baute ich über fünfzehn Jahre lang meine Museumskette auf. Alles mit der gleichen Begeisterung und Energie, mit denen ich früher den Everest bestiegen und die Antarktis durchquert hatte. Und jetzt, in meinem siebten Leben, mache ich Filme. Sollte ich gesund bleiben und neunzig werden, gibt es noch ein achtes Leben, aber geplant ist es nicht. Ich gebe mich mit sieben Leben völlig zufrieden.

Ist Einsamkeit in Ihrem Leben wichtig?

Alleinsein und Einsamkeit sind zwei verschiedene Werte. Ich kann sehr gut allein sein. Freiwillig. Wenn ich als Einzelner in die Wildnis gehe, bin ich gezwungen, die Emotion ›Verlorensein‹, die wir alle haben, weil wir soziale Wesen sind, auszuschalten. Das ist nicht so einfach. Als ich anfing, große Klettertouren alleine zu wagen, schaffte ich es nie, in eine Wand einzusteigen, die Nacht dort zu verbringen und am nächsten Tag zum Gipfel zu kommen. Einsamkeit ist bei Dunkelheit und in Exposition schwer zu ertragen. Drei Mal versuchte ich, einen Achttausender solo zu besteigen, zwei Mal scheiterte ich: nur wegen der Angst vor dem mir selbst aufgezwungenen Allein-sein. Bis ich lernte – es hatte auch mit privaten Tragödien zu tun –, in größter Gefahr und Schwierigkeit mit mir selbst zurechtzukommen.

Hat dieses Mit-sich-Zurechtkommen etwas mit Selbstfindung, mit »bei sich ankommen« zu tun?

Ich weiß, der Begriff »Selbstfindung« war lange Mode, ich habe den Ausdruck auch benutzt. Was heißt es, sich selbst zu finden? Ich bin der Meinung, wenn wir Menschen – ohne Vorgaben, ohne Regeln, ohne aufgesetzte Religion – in die wilde Natur hinausgehen, erfahren wir mehr über uns, entwickeln eher unsere Fähigkeiten, als wenn wir in der Zivilisation, in dieser hektischen, lauten Welt mit vielen Leuten rundherum oder in Gruppen beim Psychologen, über Selbstfindung reden. Wir Menschen haben die seltene Fähigkeit – als Fußgänger zum Beispiel –, entschleunigt, in der Stille, schweigend, etwas über unberührte Natur zu erfahren und mehr noch über uns selbst! Weil wir uns so viel besser wahrnehmen können. Mitten in der Geschwindigkeit und dem Lärm des heutigen Lebens ist das gar nicht mehr möglich – wir sind darin verloren, nicht mehr präsent. Wir machen unsere Termine, bekommen immerzu Nachrichten aufs Handy. Jeder starrt unentwegt auf dieses Ding. Wer ist noch ganz im Hier und

Jetzt? Ich bin früh aus dieser digitalen Hektik aus- und in die Natur eingestiegen. Nicht in den Himmel, nur in die Natur.

Alleinsein kann trösten. Und das Hochgebirge ist heute weniger überlaufen als vor fünfzig Jahren. Die meisten sind an den gleichen, etwa hundert Bergen unterwegs, häufen sich dort. Der Mensch ist wie ein Lemming, ein Herdentier. Das gilt auch für die Achttausender. Die Berge werden heute so präpariert, dass sie für Massenaufstiege taugen. Mit Infrastruktur von der Basis bis zum Gipfel. Wir Alpinisten gehen aber dorthin, wo es keine Infrastruktur gibt; der Tourist geht dorthin, wo er sie vorfindet. Ich habe nichts gegen den Tourismus. Doch wenn Touristen alle Werte wie Stille, Einsamkeit, Erhabenheit auslöschen, betrügen sie nicht nur sich selbst, sondern auch all jene, die ursprüngliche Natur und wilde Berge suchen. Eine Diskussion, die noch zu führen ist.

Was bedeutet Heimat in einem Leben auf Reisen?

Heimat ist für mich nicht der Platz, wo ich geboren wurde. Noch weniger die Heimeligkeit der Hinterwelt. Heimat ist der Raum, in dem ich Verantwortung trage. Südtirol empfinde ich als meine nähere Heimat – die Summe aus Bergen, Tälern, Kultur, Menschen, die Grabstätten meiner Großeltern und Eltern, die Geschichten dazu. Ein Teil dessen, was für mich Heimat ist, sind die Erzählungen, dazu

Mythen, Legenden, Historie. Aber Heimat ist auch der Platz, von dem aus ich auf die Welt blicke. Ich empfinde mich als Südtiroler, als Europäer und als Weltbürger. Viele unserer Probleme sind nur global lösbar: Klimawandel, die Ökofrage, die Verseuchung der Meere.

Lebensangst?

Im Gegenteil: Wer sich nicht bewusst ist, dass er seit seiner Geburt ein Sterbender ist, kann nicht intensiv leben.

Was bedeutet denn Demut?

Es gibt keine andere Größe, die mir so viel Demut abverlangt, wie die Berge. Als junge Kletterer fühlten wir uns wie Jung-Siegfried und dachten, wir wären unverwundbar, wir könnten nicht umkommen. Mit den ersten Erstbegehungen kam die Erkenntnis, dass wir sehr wohl sterblich sind, dass es am Berg schwierig ist, zu überleben. Man ist dort weit weg von jeder Absicherung, ganz auf die eigene Vorsicht, das Können und seelische Kräfte angewiesen. Zu wissen, unter dir sind 5000 Meter senkrechte Wildnis, ist wie ein Katalysator zur Selbsterkenntnis.

Ihr Wille war immer stärker als die Angst?

Es ist eine komplexe Geschichte. Wir tun etwas völlig Schräges. Wir gehen – freiwillig! – gerade dorthin, wo wir umkommen könnten. Um eben nicht umzukommen! Nicht nur Familie und Freunde sagen: Tu das nicht! Unser eigener Selbsterhaltungstrieb sagt es viel lauter. Aber wir überlisten ihn. Mit unserer Begeisterung, mit dem Ehrgeiz. Dazu kommen Willenskraft und gute Vorbereitung. Dann, wenn es gelingt – am Gipfel gibt es keine große Euphorie –, meldet sich der Selbsterhaltungstrieb und treibt uns zurück in die Sicherheit. Der große Moment ist also dieses Zurückkommen. Wir erleben es als Wiedergeburt – als ein Gefühl der Selbstmächtigkeit, der Einheit von Menschennatur und Bergnatur, weil der Selbsterhaltungstrieb größtmögliche Bestätigung gefunden hat. Auf diesen Umwegen schenkt uns der Berg Selbsterkenntnis, Kraft und Sinn.

Zum Autor

Reinhold Messner, geboren 1944, ist der berühmteste Bergsteiger und Abenteurer unserer Zeit. Als Kletterer, Grenzgänger und ›Philosoph in Aktion‹ hat er immer wieder neue Maßstäbe gesetzt: Er bestieg als erster Mensch alle vierzehn Achttausender und durchquerte zusammen mit Arved Fuchs die Antarktis zu Fuß. Heute kämpft er für einen ökologisch nachhaltigen Umgang mit der Natur, bewirtschaftet Bergbauernhöfe und gestaltet an sechs Standorten das Messner Mountain Museum. Zudem widmet er sich nun dem Bergfilm als Autor, Regisseur und Produzent. Das Narrativ zur Auseinandersetzung Bergnatur – Menschnatur sowie Hilfe zur Selbsthilfe für die Berggebiete weltweit sind heute seine Anliegen.